1 「英語はことばの キャッチボールだ」の法則

「誰がどうする」を, とにかく相手に伝えたいのが英語。
完全に意味がわかるまで一人二役で「質問」→「答え」を
くりかえしましょう。

「私は毎日テレビを見ます。」を英語にすると……

A 私は見ます　　**I watch**
　〈誰が〉〈どうする〉

B 　何を見るの?

A テレビだよ　　**televisio**

JN044069

B 　いつ見るの?

A 毎日だよ　　**every day.**

答え　**I watch television every day.**

6 「名詞はグループで動く」の法則

名詞はほかのことばとくっつけて使います。
たとえば, book(本)というときは, book(本)の前に必ず名詞を説明する単語をくっつけます。

名詞とよくくっつく単語

a book	ある1冊の本
this book	この本
that book	あの本
some books	数冊の本

2 カ・トンボ・ツバメの法則

同じ種類のことばが2つ以上続く時,
小さいものから大きいものに並べましょう。

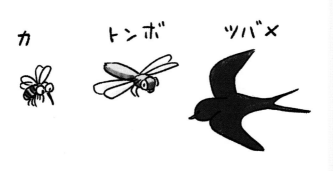

カ　　　トンボ　　　ツバメ

「私はきのう朝6時に起きました。」

I	got	up	いつ	きのう	朝	6時に
				？	？	？

↓ カ・トンボ・ツバメの順に
並びかえよう

I got up at six in the morning yesterday.

カ 小　　　トンボ 中　　　ツバメ 大

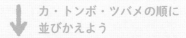

5 that running boy の法則

もの / ヒト（名詞）をくわしく説明する時に，形容詞を使います。
順番は 2 パターンです。

---

❶ a/that ＋ 1 単語 ＋ 名詞
❷ a/that ＋ 名詞＋ 2 単語以上

3 副詞はおまけの法則

「だれがどうする」をいったあと，情報を追加したい時があります。
その時に意味がわかるかたまりにおまけとして付けたことばが副詞です。

前置詞＋名詞＝副詞

4 Come here now. の法則

おまけのはたらきをする副詞が 2 つある時,
場所 + 時 の順に並べるのが一般的です。

「今ここに来てよ。」

来てよ	ここに	今
Come	here	now.
	場所	時

「私はトニーにきのうここで会った。」

私は会った トニーに ここで きのう
I met Tony here yesterday.

中学英語がおもしろいほどマスターできる本

おもしろいほど

マスター

できる本

長沢寿夫

TOSHIO NAGASAWA

はじめに

　みなさんこんにちは。長沢寿夫です。
　本書を手に取ってくださりありがとうございます。

　みなさんは英語が好きですか？ 苦手ですか？

「どうして is と have はいっしょに使えないんだろう？」
「前置詞って何？」

　本書では，そういった疑問にひとつひとつ答えながら，ていねい
に解決していきます。
　「英語が大のにがてだ。」「なんど英語を勉強してもすぐに忘れて
しまう」という人にも理解してもらえるように，基本のさらに手前
のところから説明しています。
　学校では教えてくれない，特別な考え方をお教えします。
　みなさんが英語を大好きになれるように，精一杯のお手伝いをさ
せていただきます。

　最後に，私の好きなことばをおくります。
「喜びをもって勉強すれば，喜びもまたきたる」

2024 年 2 月　長沢寿夫

※この本は、2001 年に刊行された
『新装版「中1英語」20 日間でマスターできる本』
『新装版「中2英語」20 日間でマスターできる本』
『新装版「中3英語」20 日間でマスターできる本』
の 3 冊をまとめて、加筆・編集したものです。

発音の記号について

「・」はのみこむように発音するという意味です。あまり
聞こえません。

「アー」は口を大きく開けて,「ア〜」は口を小さく開けて
発音します。

目次

はじめに

01

ふつうの動詞は「ウ段」でおわる

英語には be 動詞とふつうの動詞があります。 be 動詞 = is, am, are。ふつうの動詞＝動きをあらわす動詞のことをいいます。

よくあるまちがい

私は本をもっています

○ I have a book.

✕ I am a book.

▶ I am a book. がダメな理由は？

I am a book. だと「私は本です（私＝本）。」という意味になってしまいます。

ここでポイントになるのは「**am**」と「**have**」ですね。

「**am**」と「**have**」は動詞です。

動詞は，ことばのとくちょうとしては，最後の音をのばしたときに「**う**」でおわります。動きをあらわす時と状態をあらわす時があります。

英語には，be 動詞とふつうの動詞（一般動詞）があります。

am です。

be 動詞は **is**, **am**, **are** のように「〜です」をあらわす動詞のことです。

ふつうの動きをあらわす動詞や状態をあらわす動詞とはちがって意味が弱く，ほかの単語といっしょに使って，**ものの状態をあらわす時**に使います。

数学で使う記号でいうと **＝（イコール）と同じ意味**をあらわします。

is, am, are ですね。なぜ3つあるのですか？

それは「〜です」に対する考え方が3つあるからです。

とにかく英語を自分のものにするには，英語の文の作り方のきまりを自分の頭で理解していくことが一番大切です。

> **パターン1**
> 私は先生です。 **I am a teacher.**
> あなたは先生です。 **You are a teacher.**

パターン2

彼は先生です。	**He is a teacher.**
彼らは先生です。	**They are teachers.**

---

be 動詞の使い方には大きくわけて2つのパターンがあるのですね。

はい。

ここで私たちが一番気をつけなければいけないのはパターン1は<u>頭から覚えなければならない</u>ということです。なぜ,「<u>私は〜です。</u>」は **I am 〜** . なのか,「あなたは〜です。」は **You are 〜** . なのかということをあまり考えすぎないようにしていただきたいのです。

英語も日本語も,なぜ?と考えるよりもことばのきまりだからと考えて,覚えてしまうことも上達の近道なのです。

パターン2はどうでしょうか?

パターン2の方は,大いに考えていただきたいのです。英語は,基本的には暗記の教科です。ところが暗記だけではなかなかわかるようにはなりません。

そこで，理解をした方が忘れにくいものについては，理解をしてからその結果を覚えるようにします。

　もし習ったことがないようなものがでてきても，たぶんこうなるのではというように考えられるようになればしめたものです。

　では，パターン2をカンタンな絵と記号でいっしょに考えてみましょう。

　上の2つの例は=（イコール）の右と左の意味が同じということを絵であらわしたものです。

　日本語で「です」がイコールをあらわしている場合には，英語は is と a teacher，are と teachers という組み合わせになります。

is, am, are の使い分けがむずかしいですね。

ポイントを押さえておきましょう。

私	→ **am**	私の	→ **is/are**
あなた	→ **are**	あなたの	→ **is/are**
彼 / 彼女 / これ	→ **is**	彼の / 彼女の / この	→ **is/are**
彼ら / 彼女たち	→ **are**	彼らの / 彼女たちの	→ **is/are**

右側の is と are の使い分けはどうしたらいいですか？

さきほどと同じように考えてみましょう。

彼 ＝ 私の兄弟

He is my brother.

彼ら ＝ 私の兄弟

They are my brothers.

「私の」兄弟が 1 人の場合は **is**, 2 人以上の場合は **are** になります。

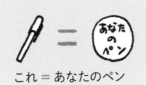
これ ＝ あなたのペン

This is your pen.

これら ＝ あなたのペン

These are your pens.

ものの場合も同じで，2個以上の場合は **are** になります。

Ⓠ。**次の日本語を英語にしてみてください。**

(1) 私は先生です。

(2) これはペンです。

「これ」は this，「ペン」は pen を使ってくださいね。

Q 答え（1）I am a teacher.（2）This is a pen.

▶状態や様子をあらわす be 動詞の使い方は？

「〜です」がイコールをあらわさないで，ほかの単語とくっついて，**状態やようすをあらわす**ことがあります。

次の例文で覚えてしまいましょう。

- 私はせが高い（です）。　　　　**I** am **tall.**
- あなたはせが高い（です）。　　**You** are **tall.**
- 私の父はせが高い（です）。　　**My father** is **tall.**
- 彼はせが高い（です）。　　　　**He** is **tall.**
- 彼らはせが高い（です）。　　　**They** are **tall.**
- その生徒たちはせが高い（です）。　**The students** are **tall.**
- 彼と私はせが高い（です）。　　**He and I** are **tall.**

They are talls. じゃないんですか？　　

よい質問です。たしかに，「＝」の意味で使っているときに出てきた **teacher** は **teachers** にしましたよね。

ですが，状態やようすをあらわす時にいっしょに使うことばには，**s をつける必要はない**ということに注意してください。

Ⓠ. 次の日本語を英語にしてみてください。

(1)　私の母はせが高い（です）。

(2)　これらの本は小さい（です）。

「母」は mother,「小さい」は small,「これらの」は these を使いましょう。

▶ふつうの動詞の使い方は？

ふつうの動詞は、学校では一般動詞と教わるかと思います。

これは，**動きをあらわす動詞**のことをいいます。

たとえば，走る，泳ぐ，歌うのようなものですね。

ただし，「立っている」「もっている」のように状態をあらわしている動詞もあります。

たとえば「もっている」は **have** ですから，

「私は本をもっています。」は

I have a book.

になります。

Q 答え（1）My mother is tall.（2）These books are small.

よい質問です。
実は動詞は2つ重(かさ)なることはないのです。

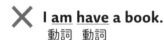 **I am have a book.**
　　　動詞　動詞

　身近なものにおきかえて考えてみましょう。空を見てみると，太陽は1つだけですよね。
　日本語で最後の音が「う」でおわるもの（動詞）を，太陽と考えると，「です [desu]」と「もっている [motteiru]」の2つを1つの文の中で使うことは，空に太陽が2つあるのと同じなんですよ。
　そこでその場合，もし「もっている」ということをいいたければ「です」を使うことはできないのです。

「もっている」と「です」で動詞が2つになってしまうからですね。

　はい。このルールを守(まも)りながら「もっている」を考えてみましょう。
　「もって」「いる」なので「です」が先にきて，「もって」があとにきて **am have** という考えかと思います。

14

ですが，この場合は「もっている」ということをいいたいのだから，「もっている」という動詞（太陽）だけでいいのです。

　だから答えとしては **I have a book.** が正しいのです。

動詞ってすごく大切なんですね。
どの単語が動詞なのか、どうすれば見分けることができるのですか？

　まず動きをあらわしているかどうかを見ることです。それから日本語で，最後の音をのばすと **う** でおわっているかを調べてみてください。

　たとえば，走る［hashir<u>u</u>］，泳ぐ［oyog<u>u</u>］，歌う［uta<u>u</u>］のように **う［u］** でおわっているものが動詞です。

どんな単語でも「う」でおわっていると動詞なんですか？
ルールにあてはまらないものはないんでしょうか？

　するどい質問ですね。

　確かに最後の音が **う** の音でおわっていても動詞でないものもあります。たとえば，次のようなものが考えられます。

Ⓐ 走っている→ <u>う</u> の音でおわっている
Ⓑ 走る→ <u>う</u> の音でおわっている

　動詞であるかないかを見分ける方法を考えてみましょう。

「あの**ちいさい**少年」という〈かたまりの文〉を使います。

　この**ちいさい**の部分に「う」でおわることばをあてはめてみて，**ちいさい**のかわりに使うことができれば，それは動詞ではありません。

Ⓐ「あの**走っている**少年」→ぴったりくる→動詞ではない

Ⓑ「あの**走る**少年」→ぴったりこない→動詞

　日本語で動詞であるかどうかがわかれば，それをあらわす英語も動詞かどうかを見分けることができます。

Ⓠ. **次の日本語を英語にしてみてください。**

（1）　彼女は先生です。

（2）　私は走る。

「彼女」は she，「走る」は run です。
ちなみに「彼女は走る。」は She runs. になりますよ。

Q 答え（1）She is a teacher. （2）I run.

▶ She runs. の s は何？

これは「三単現の s」と呼ばれているものですね。**3人称**で**単数**
かつ**現在形**の時につけるものなので，それぞれの頭の文字をとっ
て「三単現」といっているんですね。

ここで大切なのは 3 人称であることです。

be 動詞には，「です」をあらわすことばとして **is，am，are** が
ありましたよね。人称によってこの 3 つの使い分けをするのです。

たとえば，**3 人称で単数の時には，動詞に s をつける**ようにきまっ
ているのです。

3 人称ってそもそもなんのことでしょうか？

そうですね。まずは「人称」の話からはじめましょうか。

では，会話をする時，だれとだれが最低必要になりますか？

「私」と「話し相手」ですかね？

はい，正解です。話をするためには，「私」と「あなた（話し相手）」
にあたる人が必要になりますね。

そして「私」と「あなた」が話をしている時の，「私」と「あなた」

17

以外の人は 3 人称になります。男の人であれば彼，女の人であれば彼女です。

そして，彼または彼女が動作をおこなっているときは，**動詞に s をつける**んです。3 人称で 1 人（単数）ですからね。

「現在形」というのは，動詞がいつの時間をあらわしているかということを示す表現なので、今はきにしなくて大丈夫ですよ。

なんだか混乱してしまいそうです……

3人称の s については，日本語にはない観念なのであまり深く考えない方がよいと思います。

そのかわりに，動詞に s をつける場合とつけない場合の見分け方を紹介します。

まず次の基本文を見てください。

私は先生です。 私は走る。	**I am a teacher.** **I run.**	am に s が な い の で run も s は「なし」です。
あなたは先生です。 あなたは走る。	**You are a teacher.** **You run.**	are に s が な い の で run も s は「なし」です。
彼は先生です。 彼は走る。	**He is a teacher.** **He runs.**	is に s があるので run にも s をつけて runs にします。
彼らは先生です。 彼らは走る。	**They are teachers.** **They run.**	are に s が な い の で run も s は「なし」です。

3人称の s をいつつければよいのかということは別に考えなく

19

ても，**is**，**am**，**are** さえ区別することができれば，**is** の場合は動詞に **s** をつける必要があるが，**am**，**are** は動詞に **s** をつけなくてもよいとすぐにわかるということですね。

これならまちがえずにできそうです！

それはよかった。「三単現かどうか」を考えるよりも「**is を使うかどうか**」のほうがわかりやすいですよね。

ちなみに，ふつうは動詞のうしろに **s** をつけるだけですが，すっかりすがたをかえる動詞もあります。しっかり覚えましょう。

- ～をもっている　**have**　→　**has**
- 行く　　　　　　**go**　　→　**goes**
- ～を見る　　　　**watch**　→　**watches**
- ～を洗う　　　　**wash**　→　**washes**
- ～を勉強する　　**study**　→　**studies**

Q. 次の日本語を英語にしてみてください。

(1) 私たちは泳ぐ。

(2) あのイヌは走る。

「私たち」は we、「泳ぐ」は swim「あのイヌ」は that dog です。

これで動詞のキホンはかんぺきですね！おつかれさまでした。

今日の
長沢先生

私が住んでいる丹波篠山(たんばささやま)は黒豆が有名なのですが、食べたことはありますか？ 今年は暑い日が長く続いたので、黒豆も大変だったみたいですが、なんとかおいしく育ってくれました。ぜひ食べてみてくださいね。

Q 答え （1）We swim. （2）That dog runs.

02

①②not③で否定，
②①③で疑問

否定文は「〜ではない」と伝えられ，
疑問文は「〜ですか？」と聞くことができます。

よくあるまちがい

彼は先生ではありません。
⭕ He is not a teacher.
❌ He not is a teacher.

彼は先生ですか？
⭕ Is he a teacher ?
❌ Is a teacher he?

▶否定文と疑問文って何？

　私たちが日常生活でよく使う文の種類には，肯定文（ふつうの文），
否定文，疑問文というものがあります。

　まずは，一番よく使う疑問文から説明しましょうか。
　これはまさに今あなたが聞いてくれた「否定文と疑問文って何で
すか？」というような文のことです。

質問する時の文ということですか？

はい。まさに今の質問の文も疑問文です。

　疑問文とは「〜ですか？」のように**相手にたずねる**時に使います。英語では文の一番最後に？（はてなマーク／クエスチョンマーク）をつけることになっています。

疑問文→「〜ですか？」

これはペンですか？　**Is this a pen?**

では，肯定文と否定文はどんなふうに考えればよいのでしょうか？

　まずは「肯定」「否定」ということばの使い方を考えてみましょう。

先生は彼らにいった。
「あなたたちがこれをこわしたにちがいない。」
しかし，彼らはそのことについては肯定も否定もしなかった。

　「彼らはそのことについては肯定も否定もしなかった」＝「彼らはそのことについて，ハイともイイエともいわなかった」ということになります。

　つまり，肯定文と否定文は，この気持ちを伝える文ということです。

肯定文→「〜は〜です」

彼は先生です。　**He is a teacher.**

否定文→「〜は〜ではありません」

彼は先生ではありません。　**He is not a teacher.**

▶否定文や疑問文の作り方は？

　否定文は「どこに not を入れるか」，疑問文は「どこをひっくりかえすか」が重要です。

　「肯定文を疑問文や否定文にしなさい。」という問題を見たことが

ありますよね。そんな時,

> **This is a pen.** 　（否定文にしてください。）
>
> 　（疑問文にしてください。）

と書いてあって, それをふつうに意味を理解することもなく, ただたんに

> **This is not a pen.**（否定文）
>
> **Is this a pen?**（疑問文）

にするのがあたり前になっているようです。

　しかしながら意味を理解しないで丸暗記すると, 習ったことだけしかできません。本当はある程度のパターンを覚えてしまえば, 応用のきくものなのです。

　たとえあなたにとって習ったことのない文であっても, その文の中にでてきている単語さえわかっていれば, すべてがとけるようになる方法を教えますね。

まず，私のおすすめする勉強方法は，必ず<u>肯定文を否定文にして，それから疑問文を作る</u>練習をしてほしいということです。

　それでは，否定文と疑問文の公式を発表します。

否定文と疑問文

〈肯定文から否定文を作る〉公式

否定文 　　①　　 　　②　　 not 　　③　　

> not のうしろ
> は必ず③

〈否定文から疑問文を作る〉公式

疑問文 　　②　　 　　①　　 　　③　　 ?

---

　①は主語，②は助動詞とならうのですが，文法用語がいっぱい出てくるとむずかしくなってしまいます。そこで，カンタンに覚えられるように番号をつけて，いれかえるだけで文が作れる公式にしました。

　ポイントは**肯定文を否定文にしてから番号をつける**ということです。

　次のページからこの公式の使い方をていねいに説明していきます。

　いくつかの例題を通してゆっくりマスターしてしまいましょう。

❶ 次の肯定文を否定文と疑問文にしましょう。

That book is small.（あの本はちいさいです。）

ステップ1 それでは，1つの〈かたまり（グループ）〉または1つの
単語ごとに線を引いてみてください。

That book is small.

ステップ2 次に文を ⓐ 1番目の〈かたまり〉＋2番目の〈かたまり〉，
ⓑ 1番目の〈かたまり〉＋3番目の〈かたまり〉という
パターンに分けてみます。

ⓐ **That book**（あの本）＋ **is**（です）
　→あの本です 😊

ⓑ **That book**（あの本）＋ **small**（ちいさい）
　→あの本は ちいさい 😊

上の2つのうちどちらがよく意味がわかるかを考えます。
たぶんⓑの方がよくわかると思います。

ステップ3 そこで次は ⓑ **That book ＋ small** の， ＋のかわりに **not**
をいれます。すると次のような文になります。

That book is not **small.**（あの本はちいさくない。）

これで肯定文を否定文にすることができました。そしてこの否定文に番号をつけていきます。

まず **not** のうしろの〈かたまり〉に③の番号をつけたら，①，②と頭から〈かたまり〉または単語に番号をつけてみます。

That book is not small.
     ①   ②   ③

ステップ4 次に①，②をひっくり返すと，疑問文になります。なので答えは次のようになります。

Is that book small? （あの本はちいさいですか？）
②   ①   ③

〈かたまり〉さえわかれば，公式が助けてくれるのですね！

　はい。文によって番号のつけ方がちがうので，ほかのパターンも見てみましょう。

② 次の肯定文を否定文と疑問文にしましょう。
　He speaks English.（彼は英語を話す。）

ステップ1 ①の時のように〈かたまり〉または単語に線を引いてください。

　He speaks English.

28

ステップ2 **ⓐ He**（彼） ＋ **speaks**（話す）
→彼は話す 😊

ⓑ He（彼） ＋ **English**（英語）
→彼は英語 😵

ⓐの方がよく意味がわかります。

ステップ3 ⓐの **speaks** の前の＋のところに **not** を入れます。すると次のようになります。

He not **speaks** **English**.（否定文）

次に **not** のうしろの③から番号をつけます。頭の〈かたまり〉は①です。

He ＿＿＿ not **speaks** **English**.
① ②   ③

ここで否定文の公式をよく見てみましょう。

ステップ4 否定文の公式は ＿①＿ ＿②＿ n o t ＿③＿ となっているのですが，この文は ＿②＿ がないので，＿②＿ の部分には **do** または **does** をいれなければいけません。
またこの文は③ **speaks** のように動詞に **s** がついています。この場合は **speaks** の **s を消して does** を ＿②＿ のところにいれます。

29

He   does not **speak English**. （彼は英語を話しません。）
① 　　　 ② 　　 ③

この **s** のない **speak** そのままの形を原形と呼びます。

そして次は**疑問文の公式**にあてはめて

　　② 　　① 　　③ 　？にするわけです。

Does he speak English? （彼は英語を話しますか？）
② 　 ① 　　 ③

speaks が speak になると，do ではなく does をいれる
のですね。

　その通りです。最初の肯定文の中に **speaks，has，goes** などの
ように **s** がある場合は必ず **does** をいれて **have，go** にしましょう。
　とにかく，**否定文と疑問文を作る時はいつでも動詞の s のない原**
形を使うということですね。
　または，**is, am, are がない英文**を否定文や疑問文にするときは，
do か does を使って否定文と疑問文を作ると覚えてもよいですよ。

is, am, are がない英文は 　② 　 に do か does ですね。

❸ 次の肯定文を否定文と疑問文にしましょう。

He can run.（彼は走ることができる。）

ステップ1▶ **He can run**.〈かたまり〉に線を引きます。

ステップ2▶ ⓐ **He**（彼）＋ **can**（できる）
→彼はできる😕

ⓑ **He**（彼）＋ **run**（走る）
→彼は走る🙂

ⓑの方がよく意味がわかります。だから＋のところに
not をいれます。

He can not run.（彼は走ることができません。）

ステップ3▶ 番号をつけます。**not** のうしろに③をつけたら，前から①，
②をつけます。

He can not run.
① ②　　 ③

ステップ4▶このままで，否定文の公式にあてはまっているので，この
まま①②をひっくり返して，

　②　　①　　③　? にします。

Can he run?（彼は走ることができますか？）
② ① ③

見たことのない文法も公式でとけますね！

❹ 次の肯定文を否定文と疑問文にしましょう。

That small boy is running.（あのちいさい少年は走っています。）

ステップ1 〈かたまり〉に線を引きます。

　　　That small boy is running.

ステップ2 ⓐ **That small boy**（あのちいさい少年）＋ **is**（です）
　　　→あのちいさい少年です😋

　　　ⓑ **That small boy**（あのちいさい少年）＋ **running**（走っている）
　　　→あのちいさい少年は走っている😊

　　　ⓑの方が意味がよくわかります。だから＋のところに not
　　　をいれます。

ステップ3 **not** のあとに③をつけたら，前から番号をつけます。

　　　That small boy is not running.
　　　　　　①　　　　②　　　③
　　　（あのちいさい少年は走っていません。）

ステップ4 否定文の公式にあてはまっているので，このままで疑問
　　　文の公式にあてはめて___②___ ___①___ ___③___？とします。

　　　Is that small boy running?
　　　②　　　　①　　　　③
　　　（あのちいさい少年は走っていますか？）

32

どうやって作ればよいかわかってきたでしょうか？

はい，これなら自分で作れそうです。

　この否定文，疑問文の公式の使い方を理解してしまうととてもトクです。たとえば次のような例があるとします。

〈中1で習う文〉	〈中3で習う文〉
You have a book. あなた もっている 本 （あなたは本をもっている。）	**You have seen a panda.** あなた もっている みた パンダ （あなたはパンダを見たことがある。）

〈中1で習う文〉

ⓐ **You**（あなた）＋ **have**（もっている）
ⓑ **You**（あなた）＋ **a book**（本）

ⓐがよくわかるので **have** の前に **not** を入れると

<u>You</u> ＿＿ not <u>have</u> a book.
① ②　　　 ③

<u>You</u> <u>do</u> not <u>have</u> a book.
① ②　 ③

<u>Do</u> <u>you</u> <u>have</u> a book?
② ①　 ③

〈中3で習う文〉

ⓐ **You**（あなた）＋ **have**（もっている）
ⓑ **You**（あなた）＋ **seen**（見た）
ⓒ **You**（あなた）＋ **a panda**（パンダ）

ⓑが一番よくわかるので **seen** の前に **not** を入れます。

<u>You</u> <u>have</u> not <u>seen</u> a panda.
① ②　　　 ③

<u>Have</u> <u>you</u> <u>seen</u> a panda?
② ①　 ③

もしこの公式を知っていれば，中3で習う文を，文法を知らなくてもとくことができます。もし公式を知らなければ中1，中2で満点を取ることができる人でも，中3で習う文はとくことができません。

　いつも満点を取る人なら，**have** がきているので **do** を使って否定文と疑問文をつくってしまうからです。

Ⓠ｡ **次の文を否定文と疑問文にしてください。**

（1） **They go to school.**

（2） **His sister speaks English.**

 まずはかたまりに線を引いてみてください。

　これさえマスターすれば、この先どんな文法が出てきても否定文と疑問文を自信をもって作れます。

今日の
長沢先生

今日もカラスの声が聞こえてきますね。
鳥のさえずりを人のことばに置きかえて意味をもたせたものを「聞きなし」といいます。
私は鳥が好きなので、しばらく鳥のはなしをさせてくださいね。

Q 答え（1）否定文 They do not go to school.
　　　　　　疑問文 Do they go to school?
　　　（2）否定文 His sister does not speak English.
　　　　　　疑問文 Does his sister speak English?

Yes/Noで答えられない質問は5W1H

よくあるまちがい

これは何ですか？

◯ **What is this?**

✕ **What this is?**

▶ 疑問詞って何？

たとえば，日本語でいうと，いつ，どこで，だれが，何をのようなものが疑問詞にあてはまります。

英語においても，疑問詞がなければこみいった話をすることはできません。

私たちは，疑問詞と呼ばれるものを疑問文の中で使って，いろいろなことを相手にたずねたりしながら会話をより楽しいものにしていきます。

そこで，いろんな疑問詞の英語を覚える必要があるわけです。

● いつ	**when** [ウェンヌ]
● どこで	**where** [ウェアァ]
● だれが	**who** [フー]
● だれの（もの）	**whose** [フーズ]
● 何	**what** [ワットゥ]
● どんな	**what** [ワットゥ]
● どうして／どれくらい	**how** [ハーゥ]
● なぜ	**why** [ワーィ]

さらに，会話でよく使う疑問詞を使ったいいまわしを教えます。
これも覚えておくと，便利です。

● 何時	<u>**what** time</u> [ワッ・タームム]
● 何さつの本	<u>**how**</u> many books [ハーゥメニブックス]
● 何才	<u>**how**</u> old [ハーゥオーゥオドゥ]
● どれくらい深い	<u>**how**</u> deep [ハーゥディープ]
● どれくらい広い	<u>**how**</u> wide [ハーゥワーイドゥ]
● どれくらい長い	<u>**how**</u> long [ハーゥロン・]
● どれくらい遠い／ どれくらいの距離	<u>**how**</u> far [ハーゥファー]
● どれくらいしばしば／ 何回	<u>**how**</u> often [ハーゥオーフンヌ]
● 何回	<u>**how**</u> many times [ハーゥメニターィムズ]

▶ 疑問詞の文の作り方は？

　まずは，「〜ですか？」でおわる質問のパターンを確認してから
考えていきましょう。

　「〜ですか？」でおわる文には，2つの種類があります。

1「〜ですか?」	2「疑問詞+ですか?」
「これはペンですか?」	「これは何ですか?」
はい，いいえで答えます。	はい，いいえでは答えられません。 つまり，疑問詞「何」に対してはっきりと答えなければならないのです。
「〜ですか?」ということを聞きたいので **Is 〜?, Are 〜?**の ような聞き方をします。	この文の中では，何ということばが一番大切なので，**What**（何ですか）を一番最初にもってくる必要があります。

答え方に注目するのですね。

その通りです。

2は疑問詞を使いますね。

そして，疑問詞というのは，疑問に思った時に使うことばなので，

必ず疑問文といっしょに使います。

　そのため，学校で習った時に，「疑問詞のついた疑問文」ということばを聞いたことがある人もいるかもしれませんね。

「疑問詞＋ですか？」の例文を見てみましょう。

❶ あなたの名前は　何ですか？　**What is**　your name?
　　　②　　　　　　　①　　　　　　①　　　　　②

❷ 彼は　どこにいますか？　**Where is** he?
　　　②　　　　　①　　　　　　①　　　②

❸ この白いイヌは　何才ですか？　**How old is**　this white dog?
　　　　　②　　　　　①　　　　　　①　　　　②

　疑問詞が日本文の中にはいっていて「〜ですか」でおわっている質問パターン 2 は「 〜は 〜ですか？ 」という文の形になります。
　　　　　　　　　　　　　　　　　　②　　①
　ただし，「**どこに**彼は**いますか？**」のように，「**どこに**」と「**いますか**」がはなれている時もあるかもしれません。そんな時は，次のように文を作り直してから英語にします。

　　彼は　どこにいますか？
　　　②　　　　①

　これが基本の作り方です。
　疑問詞＋〜ですか？にはパターンが 2 つあるのでひとつずつ覚えましょう。

「～は～ですか?」のパターン

● <u>あなたは</u> だれですか？ **Who are you?**
　　② 　　　　　① 　　　　　　① 　　②

● <u>彼は</u> だれですか？ **Who is he?**
　② 　　　① 　　　　　① 　②

● <u>私は</u> だれですか？ **Who am I?**
　② 　　　① 　　　　　① 　②

　私, あなたが文の中にある場合, **I → am**, **you → are** を使わなければなりません。

「～が～ですか?」のパターン

● 何が そのデスクの上に ありますか？
　① 　　　　③ 　　　　　　②

What is on the desk?
　① 　② 　　③

● だれが きみの部屋に いますか？
　① 　　　　③ 　　　　②

Who is in your room?
　① 　② 　　　③

Ⓠ。次の文を英語にしてみてください。

(1)　あのちいさい少年はだれですか。

(2)　あなたは何才ですか。

(3)　この川はどれくらい長いですか。

> 「あのちいさい少年」は that small boy,「長い」は long,
> 「この川」は this river です。

▶「あなたはいつ勉強しますか?」を英語にするには?

　基本の考え方は，さっきと同じ「 ~は **~ですか?** 」のパターン
です。ただ，先ほどよりも ② の部分を見つけづらいかもしれませ
んね。
　そんなときは「**疑問詞のついた疑問文**」ということばを利用して
考えてみましょう。

疑問詞のついた疑問文?

Q 答え（1）Who is that small boy?（2）How old are you?
　（3）How long is this river?

40

疑問詞の	ついた	疑問文
いつ（**When**） どこ（**Where**）	+	**is he 〜?** **are you 〜?** **do you 〜?** **does he 〜?**

例	**When**	+	**do you study?**
	Where	+	**is he?**

つまり，疑問文を作ったあとに，頭に疑問詞をくっつければよいのです。いちばん聞きたいことが疑問詞になります。

例を見て，確かめていきましょう。

❶「あなたはいつ勉強しますか？」を英語にします。

まず一番大切なところに色をつけ，日本語を日本語的な形から英語的な形へと組み立てていきます。

「あなたは**いつ**勉強しますか？」　◀ 日本語的な日本文

「**いつ**＋あなたは勉強しますか？」　◀ 英語的な日本文
疑問詞＋　　　　疑問文

When + <u>**do you study?**</u>　◀ 英文

➡ **When do you study?**

❷「あなたは毎日何時に勉強しますか？」

まず一番大切なところ	何時に	▶①
つけくわえのかたまり	毎日	▶③
「〜は〜ですか?」のかたまり	あなたは勉強しますか	▶②

①, ②, ③ の順番に日本語を直すと英語的な文になります。

何時に + あなたは勉強しますか + 毎日？
　①　　　　　　　②　　　　　　　　③

what time + **do you study** + **every day?**

➡ **What time do you study every day?**

❸「あなたはあのかばん（の中）に何をもっていますか？」

まず一番大切なことば	何	▶①
つけくわえのかたまり	あのかばんの中に	▶③
「〜は〜か?」のかたまり	あなたはもっていますか	▶②

①, ②, ③ の順番に日本語を直すと英語的な文になります。

何 + あなたはもっていますか + あのかばんの中に
　①　　　　　　②　　　　　　　　　　　③

What + **do you have** + **in that bag?**

➡ **What do you have in that bag?**

長く見える文も、実はとてもカンタンな文なのですね。

　はい。ややこしい文でもよく考えると，**疑問詞＋カンタンな文＋おまけ（つけくわえの文）**でできています。

Ⓠ 次の文を英語にしてください。

(1)　あなたはどこで勉強しますか？

(2)　あなたは何時間テレビを見ますか？

(3)　彼は何時に起きますか？

「何時間」は how many hours，「テレビを見る」は watch television，「起きる」は get up です。

Q 答え (1) Where do you study?
　　　(2) How many hours do you watch television?
　　　(3) What time does he get up?

▶be 動詞をマスターするおすすめの勉強法は？

そうですね……。おすすめは「英文に下線を引いて、その下線のところが答えになるような質問を作る」ことですね。

少しやってみましょう。

下線のところが答えとなるような質問を作ってください。

❶ I am 12 <u>years old</u>. （私は 12 才です。）

質問を作るということは「相手にたずねる文にする」ということです。ですから，次のように変えることを忘れてはいけません。

<u>I am</u> ➡ <u>you are</u> ➡ <u>are you</u>?
<u>I have</u> ➡ <u>you have</u> ➡ <u>do you have</u>?

<u>I am</u> + **12 years old**.（12 才）
<u>you are</u> + **how old**（何才）
How old + <u>are you</u>?
➡ **How old are you?**（あなたは何才ですか？）

❷ **I am a teacher.**（私は先生です。）

I am + **a teacher**（先生）
you are + **what**（何）
What + **are you?**
➡ **What are you?**（あなたの仕事は何ですか？）

あれ？「あなたの仕事は何ですか？」なのに，
What are you? だけでよいのですか？

はい。実はこれだけで伝えることができるのです。

ただし，これはあくまでも中学1年生レベルの，いちばんキホンの英語にあわせて考えた場合の答えです。本当は，

あなたの仕事は 何ですか？
- **What is your job?**
- **What do you do?**

のようにいうこともできます。

へえ～。そうだったんですね。

また疑問に思うことが出てきたら，いつでも聞いてくださいね。
では続きを見ていきましょう。

❸ **My name is <u>Nagasawa</u>.**（私の名前は長沢です。）

<u>My</u> name is + **<u>Nagasawa</u>.**（長沢）

<u>your</u> name is + **what**（何）

What + **is <u>your</u> name?**

➡ **What is your name?**（あなたのお名前は何ですか？）

I を **you** にするだけではなく，**<u>my</u> name** ➡ **<u>your</u> name**，**in <u>my</u> bag** ➡ **in <u>your</u> bag** のようなこまかい点にも気をつけましょう。

❹ **He is <u>Nagasawa</u>.**（彼は長沢です。）

He is + **<u>Nagasawa</u>.**（長沢）

He is + **who**（だれ）

Who + **is he?**

➡ **Who is he?**（彼はだれですか？）

❺ **I have <u>a book</u> in my bag.**（私は私のかばんの中に本をもっています。）

I have + **<u>a book</u>**（本）**in my bag.**

you have + **what**（何）+ **in <u>your</u> bag**

What + **do you have** + **in your bag?**

➡ **What do you have in your bag?**

（あなたはあなたのかばんの中に何をもっていますか？）

こうやって練習すると，文のかたまりを見つけるのも上手になって一石二鳥なんですよ。

46

なんだか脳トレになりそうですね。

確かにそうですね。1日1回脳トレとしてやってみるのもよさそうです。ちなみにちょっとした余談ですが，

What are you?（君の仕事は何ですか？）
Who are you?（君はだれですか？）
What is your name?（あなたのお名前は何ですか？）

の3つの表現はあまりていねいな英語ではないので，実際に使う時は注意が必要です。

すくなくとも学校で習うイントネーションでこの3つを使うと，失礼にあたります。

学校　**What is your name?** ↘
会話　**What is your name?** ↗

学校では最後をさげて読むようにと習いますが，実際は最後を軽くあげぎみで発音した方がしたしみをこめた話し方になります。

イントネーションでもちがいが出るんですか！？

47

実はそうなんです。英語でだれかにたずねる時は，基本的に最後は「あげる」方がよいですね。

Ⓠ. **下線のところが答えとなるような質問を作ってください。**

(1) **My father goes to bed at 10 p.m.**
（私のお父さんは 10 時に寝ます。）

(2) **I study for 3 hours every day.**
（私は毎日3時間勉強します。）

 「寝る」は go to bed，「毎日」は every day ですね。

　疑問詞のことはよくわかったでしょうか？
　この方法で練習すると、英語で質問するときも、答えるときもスムーズに英文が浮かぶようになりますから、毎日少しずつ練習していきましょう。

今日の長沢先生

カラスといえば有名な歌がありますよね。
「カラス　なぜ鳴くの　カラスは山に　かわいい７つの子があるからよ」実はカラスは７つまで数えることができる一番算数が得意な鳥なのです。

Q 答え（1）When does your father go to bed?
　　　　　（あなたのお父さんはいつ寝ますか？）
　　　（2）How many hours do you study every day?
　　　　　（あなたは毎日何時間勉強しますか？）

04 〈赤ちゃんの文〉と〈おとなの文〉！？

土台になるカンタンな文 = 〈赤ちゃんの文〉
長くてむずかしく見える文 = 〈おとなの文〉
と考えるのが，英文を作るコツです。

よくあるまちがい

これはとても小さいペンです。

○ This is a very small pen.

✕ This is very small pen.

▶〈赤ちゃんの文〉と〈おとなの文〉って何？

〈赤ちゃんの文〉，〈おとなの文〉というのは私が考えたいい方なので，私の本以外では勉強することはできません。

それでは，〈赤ちゃんの文〉と〈おとなの文〉についての話をはじめたいと思います。

私たちはすべて生まれたときは赤ちゃんですよね。たとえば，中学生の人も，赤ちゃんのお父さんやお母さんたちも，むかしは赤ちゃんだったわけです。つまり，どんな人間も，もとは赤ちゃんだということです。

英語の場合もまったく同じように考えることができるのです。

英文の赤ちゃんがいるのですか？

　はい。「これはちいさいペンです。」という日本文があるとします。「これはペンです。」が〈赤ちゃんの文〉で，「これはちいさいペンです。」が〈おとなの文〉になります。

〈赤ちゃんの文〉

これはペンです。

This is a pen.

〈おとなの文〉

これはちいさいペンです。

This is a small pen.

　つまり，**This is** はどちらも同じなんですが，**a pen** というかたまりの中に **small** がはいってきて **a small pen** になったということなんです。

　とても短くてカンタンな文で，1つの単語をくわしく説明したり，もっとくわしい文にするために，いろいろな単語をくっつけているだけなんです。

赤ちゃんがいろいろ経験して大きくなっていくイメージがうかびます。

よいですね。経験が足されて成長するように、赤ちゃんの文も情報が足されて長くなっていきます。

　ここで1つ，なかなか信じてもらえないような話をしましょう。**高校生の人に次のような問題を出したら，どれくらいの人ができると思いますか？**

問題：次の文を英語にしてください。
「これはとてもちいさいペンです。」

答え：This is very small pen.

こんな答えを書く人が10人中3人ほどは必ずいます。
なぜまちがえるのか，どこがおかしいのかわかりますか。

えーっと……あ！「a」がないですね。

　すばらしいですね。その通りです。
　この問題は〈赤ちゃんの文〉と〈おとなの文〉の関係を知っている人であれば，全員正しい答えをだすことができるはずです。

〈赤ちゃんの文〉　これはペンです。

　　　↓

〈おとなの文〉　これはとてもちいさいペンです。

〈赤ちゃんの文〉　**This is** + **a pen.**

　　　↓　　　　　　　　　　↓

〈つけたし〉　　　　　　**a small pen**

　　　↓

〈おとなの文〉　**This is** + **a very small pen**.

　さきほどのまちがった答えをよく見てもらうとわかりますが，**This is very small pen.** となっていて **a** がぬけています。

　This is a pen.（これはペンです。）が〈赤ちゃんの文〉ですよね。

　つまり，赤ちゃんの時に足が 2 本あれば，おとなになっても足は 2 本なのです。ですから，〈赤ちゃんの文〉に **a** があれば，〈おとなの文〉になっても **a** があるのは当然なのです。

　どんなにむずかしい文も，〈赤ちゃんの文〉を見つければまちがえずに作ることができます。

Q. 次の日本文の〈赤ちゃんの文〉と〈おまけ（付け加えのかたまり）〉をさがしてください。そして、それを参考にして次の日本文を英語に直してください。

(1)　彼はとても速く走ることができる。

(2)　私はこのかばんの中に2さつの本をもっています。

(3)　私たちはいっしょにあそぶ。

「速く」は fast,「できる」は can,「毎日」は every day ですね。

今日の
長沢先生

ちなみにカラスの聞きなしは「かわいい，かわいい」です。
これも童ようの「かわいい7つの子」からきていますよ。

Q 答え（1）〈赤ちゃんの文〉彼は走る。　He runs.
　　　　　〈おとなの文〉彼は走ることができる。　He can run.
　　　　　〈おまけ〉とても速く　very fast
　　　英語：He can run very fast.
　　（2）〈赤ちゃんの文〉私は2さつの本をもっています。
　　　　　　　　　　　　　　　　　I have 2 books.
　　　　　〈おまけ〉このかばんの中に　in this bag
　　　英語：I have 2 books in this bag.
　　（3）〈赤ちゃんの文〉私たちはあそぶ。　We play.
　　　　　〈おまけ〉いっしょに　together
　　　英語：We play together.

05 「〜ですよね。」は否定と疑問で使いこなす

付加疑問文はふつうの文の最後に付け加えて
疑問をあらわします。
キホンは「〈否定〉〈疑問〉？」というかたちです。

よくあるまちがい

あなたはいそがしいですよね。

◯ **You are busy, aren't you?**

✕ **Are you busy, aren't you?**

あなたはいそがしくないですよね。

◯ **You aren't busy, are you?**

✕ **You aren't busy, aren't you?**

▶「〜ですよね。」という文法が必要な理由は？

　まず，この「〜ですよね。」という表現は付加疑問文（ふか）と呼ばれています。

　この名前の意味ですが，付ける，加える，疑問文と文字上でなっていることから「疑問文のような感じの意味を付け加える」ということなのです。

「疑問文の意味を付け加える」とは……？

　ふつう，疑問文の場合は「〜ですか？」というような聞き方をしますよね。

　しかし，この付加疑問文では「〜ですよね。」という聞き方をします。

　さて，日本語で「〜ですよね。」と聞くのはどんな時でしょうか？

えーっと……同じ意見だろうなって思ってる時とか，念のためもう一回聞いておきたい時，ですかね。

　あ，いっしょですね。私もそうです。

　英語でもキホン的には同じようなきもちのときに使うのだと思います。

　そう考えると，疑問がある時に使う疑問文とはちがうものですよね。

　最後に「?」があることから疑問文という名前がつき，完全な文のうしろに“，”があって付け加えたようになっているので，付加ということばがついたのだと思います。

　そのため，あまり名前にひっぱられすぎない方がよいかもしれませんね。

▶否定文と疑問文のおさらい

　この付加疑問文を作るためには，否定文と疑問文の知識が必要と
なってきます。

　ですから，まずは否定文と疑問文のおさらいをしてから付加疑問
文を考えていきましょう。

否定文と疑問文

〈肯定文から否定文を作る〉公式

否定文　　__①__　　__②__　　not　　__③__

〈否定文から疑問文を作る〉公式

疑問文　　__②__　　__①__　　__③__　？

He has a book.（彼は本をもっています。）

Ⓐ **He**（彼）　+　**has**（もっています）
Ⓑ **He**（彼）　+　**a book**（本）

Ⓐの **He**（彼）　+　**has**（もっています）の方が意味がよくわかる
ので，　+のところに **not** をいれます。

He not has　→ **He** ＿＿ not **has** a book.
　　　　　　　　　①　②　　　　③

　　　　　　→ **He** **does** not **have** a book.（否定文）
　　　　　　　①　②　　　　③

　　　　　　→ **Does he have** a book?（疑問文）
　　　　　　　②　①　③

　つまり，否定文を作ってから疑問文を作ります。否定文と疑問文の公式にあてはまるようにします。

　もし②のところがなければ，**do** や **does** をいれて②のところをおぎないます。

　その時③のところの動詞に **s** がつかない形，原形にすることを忘れないでくださいね。

> 否定文と疑問文の作り方，しっかりと思い出しました。

▶付加疑問文の作り方は？

　それでは，付加疑問文について説明をはじめます。

57

❶ You speak English, <u>don't you</u>?

❷ You don't speak English, <u>do you</u>?

　<u>付加疑問文</u>は「〜ですよね。」と訳せばよいのです。以上のことから考えて，❶と❷の文を日本語にしてみましょう。

❶ You speak English, 〈don't you〉?

　　（君は英語を話しますよね。）

❷ You don't speak English, 〈do you〉?

　　（君は英語を話しませんよね。）

　次に" , "のうしろの〈　　　〉？の部分に入っているのはどんなことばかを考えてみたいと思います。

❶ 〈**don't you**〉**?** → 否定疑問文

❷ 〈**do you**〉**?** → 疑問文

┌─────────────────────────────┐

　　　　　　〈付加疑問文〉の公式

　　　　〈否定文〉, 〈疑問文〉 ?

　　　〈ふつうの文〉, 〈否定疑問文〉 ?

└─────────────────────────────┘

つまり " , " の前が〈否定文〉であれば " , " のうしろは〈疑問形〉にすればよいのです。

　そして " , " の前が〈ふつうの文〉であれば " , " のうしろを〈否定疑問〉にすればよいのです。

❶ That boy speaks English,〈doesn't he〉?
　　=He　　ふつうの文　　　　　　　　否定疑問文

　（あの少年は英語を話しますよね。）

❷ That boy doesn't speak English,〈does he〉?
　　=He　　　否定文　　　　　　　　　　疑問文

　（あの少年は英語を話しませんよね。）

> That boy が he に変わっているのはどうしてですか？

　英語では，一度出てきた名詞を2度目に使う時は代名詞を使うのがふつうになっています。名詞とはものの名前です。

　名詞のなかに代名詞と呼ばれるものがあります。代は代わりという意味で，名詞の代わりに使うことができます。

　この例では最初に出てきた **That boy**（名詞）を2度目は **he**（代名詞）にします。

　代名詞についての詳しいことは p.89 で改めて説明しますね。

❸ It's a nice day, 〈isn't it〉?

（いい天気ですよね。）

❹ It isn't a nice day, 〈is it〉?

（いい天気ではないですよね。）

It's は **it is** の省略形なので，否定疑問は 〈**isn't it**〉？ になるということを覚えておきましょう。

Ⓠ 次の文を英語にしてください。

（1） あなたは今日いそがしいですよね。

（2） あなたのお父さんは英語を話しませんよね。

「いそがしい」は busy,「今日」は today ですね。

今日の
長沢先生

私が住んでいる丹波篠山市の市鳥はつばめです。
聞きなしは「ツバクロ　土喰うて　虫喰うて　口渋ーい」
土を使って巣を作るからこういうらしいですよ。

Q 答え（1） You are busy today, aren't you?
　　　（2） Your father doesn't speak English, does he?

質問

the dog というのは教科書などで習うのでよくみかけますが，本当に the dogs というのも正しいのでしょうか。

答え

　　　正しいです。

　a dog は「あるイヌ」という意味で１ぴきだということがはっきりしています。もしも「そのイヌたち」という文があれば **the dogs** となってもよいのです。

　私たちは自分が今までに見たことのないものや，経験したことのないものにはうたがってかかることが多いです。英語については英語的な感覚をみがくことも大切ですが，文法（英語の文を作る時のルール）をしっかり覚えてしまって応用することも，とても大事なことです。

質問

very と very much の使い方を教えてください。

答え

　とてもちいさい，とても速くのように，**とても＋１つの単語**を１つのグループとして考える時に **very** ＋＿＿となります。そして，とてもだけが１つのこってしまった時に **very much** を使います。

　私はあなたが好きです＋とても
　　I like you　　　very much.

61

06 数える時は「はっきりしない1つのa」「はっきりしてるthe」「2つ以上の-s」

a や the を冠詞と呼びます。
a ＝さしているものがはっきりしない1つ
the ＝はっきりしているもの　に使います。

よくあるまちがい

これはペンです。

⭕ This is a pen.

❌ This is a pens.

▶a ってそもそも何？

a は必ず名詞の頭につく，名詞の「冠」のようなものですから，冠詞と呼ばれています。

a の説明をするためには，まず名詞について知る必要があります。
名詞というのは**ものの名前**のようなものです。
たとえば花があるとします。花にもいろいろな名前の花がありますよね。チューリップ，桜，すいせん，これらの花はすべてものの名前なので名詞です。
そして，花というのも植物という仲間の中のひとつの名前なんです。

つまり目で見えるもので，指でさして「あれは何だ？」「これは
ダイヤだ。」というような使い方ができる単語です。

　そういうような単語はあたり前のように<u>数える</u>こともできます。

ただし**数えることができないもの**でも名詞と呼びます。

数えることができないもの，ですか？

　<u>ミルク</u>や<u>水</u>を考えてもらえるとよくわかると思いますが，1滴^{てき}，
2滴のように数えたとしても意味をなしませんよね。

　やっぱりミルクや水は<u>1ぱいのミルク</u>，<u>1ぱいの水</u>のように入れ
物に入れてはじめて，意味のわかるかたまりを作るわけです。

　これは次の項目^{こうもく}でくわしく話しますね。

　大切なことをまとめてみましょう。

名詞のまとめ

❶ 名詞とは，ものの名前と考えましょう。

❷ 目で見えても，見えなくても OK。ただし中学校の英
語では目で見えるものと指をさして数えられるもの
のことをいいます。

❸ 数えられないものでも，ものの名前なら OK。ただし，
入れ物が必要です。

❹ 「富士山」のようにだれでも知っているようなもの，
または人の名前や地名。

この名詞の使い方をマスターするために，**a**（1つの，ある）という単語や **the**（その），**s**（2つ以上あります）の使い方が重要になってくるのです。

> a や the や s と名詞はセットなんですね。

　はい，その通りです。
　この **a** というのは，ほとんどの人は「**1つの**」という意味で習っているのではないでしょうか。
　もちろんその通りなのですが，毎日の生活の中で実際に「1つの」ということばを使うことはめったにないのではないでしょうか？

　実は，イギリス人やアメリカ人は，目に見えるものを見たときに，とにかく **1つ** なのか **2つ以上** なのかをはっきりさせる習慣があるので，**a** や **the** や **s** をつけるのです。

> そうなんですか!? 文化のちがいが文法のちがいになっているのですね。

　はい。日本で育ってきた私たちは，めったに **a**（1つの）ということばを使うことがありませんから，いつ **a** をつければいいのかわかりにくくて当然です。
　ですから，なかなかできるようにならなくても，それはあたりま

えのことですから安心してくださいね。

▶ a のつけ方は？

目に見えるもので，はっきりしていなくて，どう考えても1つしかないというときは a をつけましょう。

それでは a のつけ方の勉強をはじめましょう。みなさんは英語の中で一番有名な英文を知っていますか。

This is a pen.（これはペンです。）

いくら英語がにがてだと思っている人でも **This is a pen.** を知らない人はひとりもいないと思います。

ところがこの文「これはペンです。」のどこにも1つのという日本語はありません。それでも英語は，**a** がついています。

つまり，日本文を見ただけでは **a** をつけなければならないのかどうかがよくわからないのです。

「これは1本のペンです。」はすごく違和感（いわかん）がありますね……

そうですよね。

ですから私たちは本文にない冠詞（かんし）を想像しなければなりません。

とにかく，**目に見えるもの**で，**指で数えられる英語の単語**を使うときは，もし**1つならばa**をつける。

2つ以上ならsをつけるような練習をしなければいけません。

では，さっそく練習してみましょう。

Q. 次の日本文を読み，あなたが**1つのものである**と思えばa，**2つ以上のもの**をあらわしていると思えばsをつけてください。そしてなぜaまたはsをつけたかを教えてください。

例　私は<u>本が</u>好きです。

book s

理由　1さつの本だけ好きな人はふつういないから。

（1）これらは<u>ペン</u>です。

（2）私は<u>ネコ</u>が好きです。

（3）私には<u>子ども</u>がいます。

2つ以上でもsがつかない例外もあります。たとえば「子ども」はchild，「子どもたち」はchildrenになりますよ。

Q答え　（1）pens　理由：これら＝2本以上だから。
　　　　（2）cats　理由：ネコが好きということばから1ぴきだけとは考えにくいから。
　　　　（3）a child　理由：子どもが1人だと考えることもできるから。
　　　　　　　children　理由：子どもが2人以上いることも考えられるから。

66

時には数を想像しにくい，はっきりしていない問題が出ることがあります。

　そんな時は，もし 1 つだと思えば a，2 つ以上だと思えば s を適当につけてください。

　たとえテストの中の問題であっても，英語のルールにしたがっていれば，a であろうと s であろうと，そんなに大きなミスにはなりません。

　ただし，I like ～ .（私は～を好きです。）のような場合は，1 つだけ好きだということは考えられないので数えられる名詞にはいつも s をつけてくださいね。

▶children のような例外はほかにもある？

　2 つ以上の時に s がつくのではなく，形が変わるものを紹介します。このさいしっかり覚えてしまってください。

- **a child**［チァーィオドゥ］子ども
  → **children**［チオジュレンヌ］子どもたち
- **a wife**［ワーィフ］つま
  → **wives**［ワーィヴズ］つまたち
- **a wolf**［ウオフ］おおかみ
  → **wolves**［ウオヴズ］おおかみたち

- **a knife** ［ナーィフ］ナイフ
  → **knives** ［ナーィヴズ］2本以上のナイフ

　ふつうは名詞のうしろに **s** をつけるのですが，**es** をつけるのものがあります。

- **dish** ［ディッシ］おさら
  → **dishes** ［ディッシィズ］2枚以上のおさら
- **watch** ［ワッチ］うで時計
  → **watches** ［ワッチィズ］2個以上のうで時計
- **box** ［バックス］はこ
  → **boxes** ［バックスィズ］2つ以上のはこ
- **bus** ［バス］バス
  → **buses** ［バッスィズ］2台以上のバス
- **peach** ［ピーチ］もも
  → **peaches** ［ピーチィズ］2個以上のもも
- **tomato** ［トメーィトーゥ］トマト
  → **tomatoes** ［トメーィトーゥズ］2個以上のトマト

どうして s をつけるものと es をつけるものがあるのですか？

日本語にも同じようなことがありますよね。

たとえばえんぴつを数えるとき 1 本, 2 本, 3 本と漢字では書く
のに, 読む時はいっぽん, にほん, さんぼんのように読むのと同じ
です。

　すべては話をする時にことばとして使いやすいか, つまり, **発音
しやすいかどうか**で, **s** になるか **es** になるかがきまるのです。

　例えば, **books**［ブックス］, **dogs**［ドーッグズ］もそうです。
s の読み方がちがいますよね。

本当ですね。books と dogs, スと読むかズと読むか
まちがえてしまいそうです。

　カンタンに見分ける方法があります。
　たとえば, ブックの**ク**は**ス**, ドッグの**グ**は**ズ**となっています。こ
れはいいやすいかどうかによって**ス**になったり**ズ**になったりするの
です。

　この 2 つの例をよく見ると何か気がつくことはないでしょうか。
　クッとなっているのは**スッ**, つまり**クッ**と短く発音してみるとわ
かるのですが, **クッ**も**スッ**もいきだけで発音しているのです。
　それとくらべて**グ**と**ズ**は声が出ていることに気がつくのではない
でしょうか。

　つまり, **いき**で発音する時は**スッ**, **声**で発音する時は**ズ**と読めば

よいのです。

発音しやすいかどうかで決まるっていうことは、もしか
して法則のようなものがあるんでしょうか？

すばらしい。その通りです。実はこんな法則があります。

-s, -ch, -sh, -x, -o で終わる語　→　es をつける

他にもいろいろとあるんですが，法則で覚えるよりも「発音しや
すいかどうか」を実際に自分で確かめながら身につけるほうが，楽
しく続けられると思います。

ちなみに **house** を複数形にするとどうなると思いますか？

houses［ハーゥスィズ］ですか？

つづりは合っていますね。読み方は［ハーゥズィズ］になります。

houses（ハーゥズィズ）……

これ，発音を知らないと会話で聞いた時に **house** のことだと気がつくことができませんよね。

　例外が多くて焦ってしまうかもしれませんが，知識として一度学んでおけば，実際に英会話で出てきた時に思い出せますから，安心してくださいね。

▶ tomatoes と pianos の理由は？

　-o で終わる単語には，「トマトタイプ（**-es**）」と「ピアノタイプ（**-s**）」があります。

　● トマトタイプ

　a tomato［トメーィトーゥ］　**2 tomatoes**［トメーィトーゥズ］

　a potato［ポテーィトゥ］　**2 potatoes**［ポテーィトーゥウズ］

　● ピアノタイプ

　a piano［ピエァノーゥ］　　**2 pianos**［ピエァノーゥズ］

　a radio［ゥレーィディオーゥ］ **2 radios**［ゥレーィディオーゥズ］

　さて，例外の「ピアノタイプ」にはどんな共通点があるかわかりますか？

tomato と **piano** をくらべてみると **tomato** は **es** がつきます。
piano は **s** だけです。

　もし音だけできめてあるのなら，どちらも **es** か，どちらも **s** だけになっているはずです。

　それではなぜ，使い分けるのでしょうか。

　実は，トマトとピアノの**単語のでき方**がちがっているのです。

　トマトは，はじめからトマトです。

　しかし一方のピアノは，本当の名前はピアノフォルテという名前だったのです。

　音楽で習う記号の **p**（ピアノ：弱くという意味），**f**（フォルテ：強くという意味）と深い関係があります。

　ピアノとは，「弱くも強くもひける楽器」という意味の名前の，前の部分の「ピアノ」だけを使っているのです。

　つまり，ピアノフォルテを短くしてピアノといっているのです。

　このように**長い単語の一部分をとって短い呼び方をしているもの**は **s** をつけるのです。

こんなふうに，文字を見ただけでは理由がわからない例外もあります。

　ただ，そういう例外は文化的な考え方のちがいや，ことばの成り立ちのちがいが影響（えいきょう）していることが多いので，知ることを楽しみながら学ぶとよいですよ。

Q. 次の単語を複数形（2つ以上あるという意味の s，es）にしてください。そして読み方もカタカナで書いてください。

(1) **watch** ［ワッチ］うで時計

(2) **house** ［ハーゥス］家

(3) **orange** ［オーゥリンヂ］オレンジ

 house の複数形はとくに気をつけてくださいね。

Q 答え　(1) watches　ワッチィズ　(2) houses　ハーゥズィズ
　　　　(3) oranges　オーゥレンヂィズ

▶a と the のちがいは？

「1 つだけ」とはっきりわかっている時は **a** をつけますよね。

the は，その という意味をはっきりいいたい場合につけるのです。

つまり，**はっきりしている場合**に使います。

たとえば次のような文で考えてみましょう。

Ⓐ 本がつくえの上にあります。

Ⓑ 本は私のものです。

Ⓐはただたんに「本がある」といっていて，1 さつなのか，2 さつ以上なのかがわかりません。もし，あなたが 1 さつだと思えば **a book** で，2 さつ以上あると考えれば **books** になります。

Ⓑについては，本はと書いてあるだけなのですが，「私のもの」なので，当然どの本なのかははっきりわかるはずですよね。つまり「その本」をあらわしているわけなので **the book** となります。

Q. 次の文に a を使えばいいか, それとも the が適当か, a と s の両方とも答えになるか, 考えてみましょう。

(1) イヌが庭にいます。

(2) そのイヌは白いです。

「はっきりわかるかどうか」で考えてみましょう。

a, the, s のつけかたは, どれだけ英語をスムーズに話せる人もまちがえてしまうことがあります。ですから, とてもむずかしいところを最後までやりきったことに自信をもってくださいね。

今日の長沢先生

ウグイスの鳴き声はホーホケキョ。
これは法, 法華経。からきています。
仏教の妙法蓮華経から, このように鳴いていると考えられたのでしょう。

Q 答え (1) 「イヌが」の部分だけでは, 1 ぴきなのか 2 ひきなのかがわからないので a dog または dogs になります。

(2) 「そのイヌは」と考えるのがふつうなので the dog

数えられないものは器にいれて数えよう

うつわ

目に見えなかったり，指でさして数えることができないものやことは，数えられない名詞です。
容器にいれるか，a piece of をつけて数えましょう。

> **よくあるまちがい**
>
> テーブルの上にグラス1ぱいのミルクがあります。
>
> ○ There is a glass of milk on the table.
>
> ✗ There is a milk on the table.

▶数えられない名詞とは?

　まず，数えられない名詞とは，たとえばミルクの場合を考えてみましょう。

　ふつうミルクはコップ，またあるときはビン，それからパックなどの容器にはいっています。

ようき

　つまり**数えられない名詞**とは，容器にいれてはじめて数えることができるものと考えてください。

　ただし，例外的に，日本人にとっては数えることのできるものでも，アメリカ人やイギリス人の感覚では数えられないと考えられて

いるものもあります。

　a glass of milk はガラスのコップの数が<u>1 つ</u>，**two glasses of milk** はガラスのコップが 2 つのように考えているのであって，ミルクを数えているのではないのです。

たしかに，日本語で考えても「牛乳とって」っていわれたらグラスやパックに入った牛乳を想像しますね。

　そうですよね。だから **milk** がたくさんあっても **s** はつけずに，容器の **glass** に **s**（**es**）をつけてください。

　つまり，**s** を名詞につけることができるのは，<u>**それが「1 つ」「2 つ」のように数えられる時だけ**</u>なのです。

- **a piece of paper** （1 枚の紙）
- **two pieces of paper** （2 枚の紙）

- **a cup of coffee** （カップ 1 ぱいのコーヒー）
- **two cups of coffee** （カップ 2 はいのコーヒー）

- **a glass of milk** （グラス 1 ぱいのミルク）
- **two glasses of milk** （グラス 2 はいのミルク）

- **a piece of chalk** （1 本のチョーク）
- **two pieces of chalk** （2 本のチョーク）

cup と glass はどうやって使い分けるんですか？

　つめたい飲みものの時は **glass**，あつい飲みものの時は **cup** を使うと考えてください。

　実はアメリカやイギリスでは，ミルクをわざわざあたためて飲むということはあまりないのです。日本でも，ホットミルクとはいいますけど，アイスミルクとはいわないのは，つめたいのがキホンの状態だからかもしれません。

ただし，1 カップのミルクは，**one cup of milk** のように使うこともももちろんできます。

そうなんですね。あれ、紙やチョークは数えられないんですか？

　紙やチョークは一見数えられそうなのですが，どちらも大きなかたまりから切ったりして取り出しています。

　ですから，ひと切れのものをあらわすのに，**a piece of**（ひとかけらの）を使っているのですね。

　同じ考え方から，**bread**（パン），**cake**（ケーキ），**butter**（バター）も **a piece of** で数えますよ。

ほかにも数えられそうで数えられないものってありますか？

まちがえやすいのはこれですかね。

数えられない	数えられる
money [マニィ] お金 **fruit** [フゥルートゥ] くだもの	**coin** [コーィンヌ] コイン **vegetable** [ヴェヂィタボー] 野菜

money と **coin** については，解説できますよ。

あなたはお金（**money**）を 1 個，2 個と数えませんよね。つまり，個数や枚数でお金は数えられないわけです。たとえ数えたとしても，いくらあるかわかりません。

ところが，コインは「コイン 10 枚もっているよ。」のように使うことができるわけです。

「10 円玉 5 枚もっているよ。」というようないい方は英語では，**ten-yen coins**（10 枚の 10 円玉）といいます。

では，ややこしいですが最後に，よく使うものを覚えておきましょう。

- 1 ドル　**one dollar** [ダらァ]　→ 10 ドル　**ten dollars**
- 1 円　**one yen** [ぃェンヌ]　　→ 10 円　**ten yen**
- 1 マイル　**one mile** [マーィオ] → 10 マイル　**ten miles**
- 1 キロ　**one km** [キらミタァ]　→ 10 キロ　**ten kilometers**
　　　　　　　　　　　　　　　　=10km [キらミタァズ]

Ⓠ。**次の日本語を英語に直してください。**

(1) 1 ぱいのコーヒー

(2) 3 枚の紙

 「3」は three ですね。

▶ 「少し」や「たくさん」といいたい時はどうすれば よいですか？

これも，数えられるかどうかでいいかたが変わりますから，まず はどんなことばであらわすのか見てみましょう。

Q 答え （1) a cup of coffee （2) three pieces of paper

数えられない名詞	数えられる名詞
たくさんのミルク ● **much** milk ● **a lot of** milk ● **lots of** milk ● **plenty of** milk ● **a good deal of** milk ※ **deal** [ディーオ] (量)	たくさんの本 ● **many** books ● **a lot of** books ● **lots of** books ● **plenty of** books ● **a (large) number of** books ※ **number** [ナンバァ] (数)
いくらかのミルク ● **some** milk ● **any** milk (疑問文で)	数さつの本 ● **some** books ● **any** books (疑問文で)
少しのミルク ● **a little** milk	少しの本 ● **a few** books
ほとんどないミルク ● **little** milk	ほとんどない本 ● **few** books
まったくないミルク ● **no** milk ● **not any** milk	まったくない本 ● **no** books ● **not any** books
解説 **much** は，ふつうの文の中では，使わない方がよいでしょう。ただしテストでは，えんりょなく使ってください。	解説 **many** は，ふつうの文の中では，あまり使わない方がよいでしょう。ただしテストでは，えんりょなく使ってください。

数えられない名詞の「ある，です」をあらわす場合は **is** を使ってください。ただし，容器にいれて数えられるものになって，2つ以上になった場合は **are** になります。

　数えられる名詞は，名詞に **s** がつく時は **are**，**s** がつかない時は **is** です。

> Ⓠ。**次の日本語を英語に直してください。**
>
> （1）　私は本をまったくもっていません。（2種類）
>
> （2）　私はお金を少しもっています。

no=not any を忘れずに考えてみましょう。

▶There is はどういう意味ですか？

There is 〜 . There are 〜 . は，「**〜がある**」という意味です。

どうしてそのような意味になるのか，考えていきましょう。

Q 答え　（1）I have no books. / I don't have any books.
　　　（2）I have a little money.

❶ いくらかのミルクがポットの中にあります。

いくらかのミルクが	ポットの中に	あります。
Some milk	**is**	**in the pot** .

このように英語にすることができます。

つまり，**is** に「ある」という意味があるのです。

それでは **There is 〜.** の **There** にはどういう意味があるんでしょうか。

ずばりいって，**There** には，意味はまったくありません。

英語では，**is** の左側が長い，頭でっかちの文をとてもきらうために，**There** を文の頭にもってきたにすぎません。

There には意味がないんですね。

ということで，**There is 〜.** で

あります	〈何が〉 いくらかのミルクが	〈どこに〉 中に 〈何の〉 そのポット.
There is	+ **some milk**	+ **in+the pot.**

このような成り立ちになっています。

84

Ⓐ **Some milk is in the pot.**

Ⓑ **There is some milk in the pot.**

There is ～. There are ～. の文の型をそのまま覚える前に，どうしてこの型になっているのかを知っておく必要があるわけです。

❷ 数さつの本がデスクの上にあります。

数さつの本が	デスクの上に	あります。
Some books	**are**	**on the desk** .

あります	〈何が〉	数さつの本	〈どこに〉上に	〈何の〉	そのデスク
There are		**some books**	**on**		**the desk**

つまり答えは2種類できるわけです。

Ⓐ **Some books are on the desk.**

Ⓑ **There are some books on the desk.**

▶「〜にある」を英語にすると?

「〜が〜にあります」と「〜に〜があります」はどちらも同じことをいっているのです。

ですから，**There is 〜 . There are 〜 .** の文を使ってよいのです。

「〜に〜があります」となっていても「〜が〜にあります」のパターンに日本語を作り直して，それから正しい英語に直すようにしてください。

「私の部屋には2つまどがあります。」を英語に書きかえてみましょう。

① <u>Two windows</u> are in my room.
② There are <u>two windows</u> in my room.
③ My room has <u>two windows</u>.

③のいい方ははじめてみました。has で「〜があります」とあらわすこともできるんですか?

これは「**大きいもの**」が「**小さいもの**」をもっている，または「**さきにあったもの**」が「**あとからできたもの**」をもっているというときに使えるパターンで，意味としては「どこどこに〜があります」を英語にする時に使うことができるものです。

今回の場合は，大きさをくらべてみると「部屋＞まど」ですよね。

ということで

---

❶ **There are two windows in my room.**

❷ **My room has two windows.**

になります。

There is 〜. There are 〜. の文はどんなときに使うのか，最初はなかなかイメージがつきにくいかもしれませんが，いくつか表現を紹介しますね。

- 1週間は7日あります。

❶ **There are seven days in a week.**

❷ **A week has seven days.**

- あなたの部屋には2つまどがありますか。

❶ **Are there two windows in your room?**

❷ **Does your room have two windows?**

- 1週間は何日ありますか。

❶ **How many days are there in a week?**

❷ **How many days does a week have?**

- あなたの部屋にはまどがいくつありますか。

❶ **How many windows are there in your room?**

❷ **How many windows does your room have?**

ちなみに「はっきりしたモノが〜にある」をあらわすときは，**There is 〜 . There are 〜 .** は使うことができません。

あなたの本がテーブルの上にあります。

◯ **Your book is on the desk.**

✕ **There is your book on the desk.**

Ⓠ 。**次の日本語を英語に直してください。**

(1)　2はいのミルクがテーブルの上にあります。

(2)　テーブルの上にはまったく くだものがありません。
　　（2種類）

　「2」は two です。

Q答え　(1) There are two glasses of milk on the table.
　　　　(2) No fruit is on the table. / There is no fruit on the table.

08 ものの名前をくり返す 時はit や they

同じ名詞をくり返して使う時は，名詞の代わりに代名詞を使います。

▶代名詞って何ですか？

名詞のなかには代名詞と呼ばれるものもあります。

代名詞の代という字は代わりという意味なので，名詞の代わりに使うことができるということです。

私たちのふだんの会話を考えてみるとよくわかりますが，同じ名詞を何回もくり返して使うということはほとんどありません。もし何回もくり返して使うことがあるとすれば，とてもその単語（名詞）を強調したいと思っている時だけです。

それでは本屋さんでの会話を例に考えていきましょう。

A この本はすごくおもしろいから買うよ。

B ぼくにもあとでそれを見せてよ。

この本 = **それ**であらわしています。つまり「この本」という名詞の代わりに「それ」を使っているので，「それ」を代名詞と呼びます。

代名詞にはどんなものがあるんですか？

そうですね。人かものか，1つか2つ以上か，によって使い分ける必要があります。

あの少年	→	彼	**he** [ヒー]
あの少女	→	彼女	**she** [シー]
少年たち	→	彼ら	**they** [ゼーィ]
少女たち	→	彼女たち	**they** [ゼーィ]
この本	→	それ	**it** [イットゥ]
これらの本	→	それら	**they** [ゼーィ]
彼と私	→	私たち	**we** [ウィ]

あれ？ they が何度もでてきていますよ。

　日本語では，彼ら，彼女たち，それらというのはまったく別の単語ですが，英語ではすべて **they**［ゼーィ］（彼ら，彼女たち，それら）となり1つの単語で3つのちがう意味をあらわします。

　ちなみに**人の代わりに使う代名詞**には，　4つのパターン　があります。

　例えば，日本語では「彼」という単語は文の中でどんな位置にあっても「彼」ですが，英語では**彼は**，**彼が**は **he**，**彼を**，**彼には him**というように変化をします。

　学校では，人称代名詞と習ったかもしれません。

	～は，～が	～の	～を，に	～のもの
私	I [アーィ]	my [マーィ]	me [ミー]	mine [マーィンヌ]
あなた	you [ユー]	your [ユアァ]	you [ユー]	yours [ユアァズ]
彼女	she [シー]	her [ハァ]	her [ハァ]	hers [ハァズ]
彼	he [ヒー]	his [ヒズ]	him [ヒム]	his [ヒズ]
彼ら 彼女たち それら	they [ぜーィ]	their [ぜアァ]	them [ぜム]	theirs [ぜアァズ]
私たち	we [ウィ]	our [アーゥァ]	us [アス]	ours [アーゥァズ]
それ	it [イットゥ]	its [イッツ]	it [イットゥ]	

表を使って次の日本語を英語に直してみましょう。

● 私はあなたを知っている。　**I know you.**

● これは私の本です。　**This is my book.**

● あなたは私を知っている。　**You know me.**

● この本は私のものです。

　This book is mine. = **This book is my book.**

これは日本語の「～は」や「～を」を見ながら使い分ければよいのでしょうか？

　基本的にはそれでよいのですが，その前に1ステップいれると，まちがえることがなくなります。

　「～が」が「～を」と同じ意味ではないかどうかを確かめてから，答えるようにしてください。

「～が」が「～を」と同じ意味とはどういうことですか？

　たとえば次のような例ですね。

　私は<u>彼が</u>大好きです。

　先ほどの表では **he**（彼は，彼が），**his**（彼の），**him**（彼を，彼に），**his**（彼のもの）となっています。ですが，**he** ではなく **him** を使います。

◯ I love him.

✕ I love <u>he</u>.

　ここで注意しなければならないのは，「私は彼が大好きです。」の<u>私は</u>と<u>彼が</u>どんな関係になっているかということです。

93

「私は<u>彼が</u>大好きです。」は「私は<u>彼を</u>大好きです。」と同じ意味をあらわしているので，**<u>he</u>** ではなくて **him** にしなければなりません。

　ということで，「〜が」になっている時でも「〜を」と同じ意味ではないかどうかを確かめてから<u>正しい英語にしましょう</u>。

　文の最後にくる時は **him** と覚えておくとカンタンですよ。

Q。**次の日本語を英語にしてください。**

　(1)　彼は私たちを知っている。

　(2)　私は彼女が大好きです。

 表を使いながら英語にしてみましょう。

Q 答え　(1) He knows us.　(2) I love her.

▶ it の使い方は？

it というのは「それ」という意味の単語なのですが，「それ」という意味よりも，どちらかというと別に**意味を何ももたない it** を使った決まり文句がテストによく出ます。

つまり，決まり文句なので，ただ暗記するだけでよいのです。英語は理解すると，とても速く上達する部分と，ただたんに覚えるだけでよい部分との 2 つの部分からできているのです。

それでは it の表現を勉強しましょう。

天候をあらわす場合や，**日時**をあらわすとき，そして**時間やきょり**をあらわすとき，ふつう it からはじめる場合が多いのです。

さあ，ではしっかり覚えてしまいましょう。

〈天候〉編　Part1

● 今日ははれています。	❶ <u>It</u> is a nice day. ❷ <u>It</u> is nice today.
● 今日はくもりです。	❶ <u>It</u> is a cloudy day. ❷ <u>It</u> is cloudy today.
● 今日は雨ふりです。	❶ <u>It</u> is a rainy day. ❷ <u>It</u> is rainy today.

● 今日は風が強いです。	❶ **It is a windy day.** ❷ **It is windy today.**
● 今日は雪ふりです。	❶ **It is a snowy day.** ❷ **It is snowy today.**

nice ［ナーィス］ はれた　**day** ［デーィ］ 日
today ［チュデーィ］ 今日　**cloudy** ［クらーゥディ］ くもりの
rainy ［ゥレーィニィ］ 雨の　**windy** ［ウィンディ］ 風の強い
snowy ［スノーゥィ］ 雪ふりの

〈天候〉編　Part2

● 雨がふっています。	**It is raining.**
● 雨がふる。	**It rains.**
● 雪がふっています。	**It is snowing.**
● 雪がふる。	**It snows.**

snow (**s**) ［スノーゥ（ズ）］ 雪がふる
rain (**s**) ［ゥレーィン（ズ）］ 雨がふる
snowing ［スノーゥィン・］ 雪がふっている
raining ［ゥレーィニン・］ 雨がふっている

〈きせつ・時・日〉編

● 春です。	**It** is spring.
● 夏です。	**It** is summer.
● 秋です。	**It** is fall.
● 冬です。	**It** is winter.
● 日曜日です。	**It** is Sunday.
● 月曜日です。	**It** is Monday.
● 火曜日です。	**It** is Tuesday.
● 水曜日です。	**It** is Wednesday.
● 木曜日です。	**It** is Thursday.
● 金曜日です。	**It** is Friday.
● 土曜日です。	**It** is Saturday.

spring［スプゥリン・］春　**summer**［サマァ］夏
fall［フォーオ］秋　**winter**［ウィンタァ］冬
Sunday［サンデーィ］日曜日
Monday［マンデーィ］月曜日
Tuesday［チューズデーィ］火曜日
Wednesday［ウェンズデーィ］水曜日
Thursday［さ～ズデーィ］木曜日
Friday［フゥラーィデーィ］金曜日
Saturday［セァタデーィ］土曜日

〈時間〉編

● 8 時です。	**It is eight o'clock.**
● 8 時 10 分です。	❶ **It is eight ten.** ❷ **It is ten past eight.** ❸ **It is ten after eight.**
● 7 時 50 分です。	❶ **It is seven fifty.** ❷ **It is ten to eight.** ❸ **It is ten before eight.**

〈日付〉編

● 1 月 1 日です。	**It is January (the) first.**
● 2 月 2 日です。	**It is February (the) second.**
● 3 月 3 日です。	**It is March (the) third.**
● 4 月 4 日です。	**It is April (the) fourth.**
● 5 月 5 日です。	**It is May (the) fifth.**
● 6 月 6 日です。	**It is June (the) sixth.**
● 7 月 7 日です。	**It is July (the) seventh.**
● 8 月 8 日です。	**It is August (the) eighth.**
● 9 月 9 日です。	**It is September (the) ninth.**
● 10 月 10 日です。	**It is October (the) tenth.**
● 11 月 11 日です。	**It is November (the) eleventh.**
● 12 月 12 日です。	**It is December (the) twelfth.**

January ［ヂェァニュエゥリ］1 月
February ［フェブゥルエゥリ］2 月
March ［マーチ］3 月
April ［エイプゥリオ］4 月
May ［メ〜ィ］5 月
June ［ヂューンヌ］6 月
July ［ヂュらーィ］7 月
August ［オーガストゥ］8 月
September ［セプテンバァ］9 月
October ［アクトーゥバァ］10 月
November ［ノーゥヴェンバァ］11 月
December ［ディセンバァ］12 月
first ［ファ〜ストゥ］第 1 番目の
second ［セカンドゥ］第 2 番目の
third ［さ〜ドゥ］第 3 番目の
fourth ［フォーす］第 4 番目の
fifth ［フィフす］第 5 番目の
sixth ［スィックスす］第 6 番目の
seventh ［セヴンす］第 7 番目の
eighth ［エーィトゥす］第 8 番目の
ninth ［ナーィンす］第 9 番目の
tenth ［テンす］第 10 番目の
eleventh ［イれヴンす］第 11 番目の
twelfth ［チュウェオフす］第 12 番目の

〈きょり〉編

● ここから東京まで 5km です。
It is 5km from here to Tokyo.
● ここから東京まで 10 分かかります。
It takes 10 minutes from here to Tokyo.

5km = 5 kilometers［ファイヴキロミータァズ］
from［フゥラム］～から　**to**［チュ］～へ
take（s）［テーィク（ス）］（時間などが）かかる
one minute［ワンミニットゥ］1 分

会話でよく使う it を使う表現

● ここから東京までどれくらいのきょりがありますか。
How far is it from here to Tokyo?
● ここから東京までどれくらいかかりますか。
How long does it take from here to Tokyo?
● 今日は何曜日ですか。
What day is it (today) ?
● 今日は何日ですか。
What date is it (today) ?
● 君の時計では何時ですか。
What time is it by your watch?

いろいろな使い方がありますが，**天候**，**日時**，**時間**，**きょり**をあらわす時，というようにくくりをおさえておけば，何度も使っているうちに自然と **it** が出てくるようになります。

Ｑ。次の日本語を英語にしてください。

(1) 今日ははれています。（2 種類）

(2) 6 時 50 分です。（3 種類）

「6」は six ですね。6 の次は 7 なので、「○○分前です」というときは 7 を使いましょう。

今日の
長沢先生

鳥目というけれど，本当に鳥目なのはニワトリだけです。
渡り鳥も猛禽類も夜間でもばっちり見える視力の持ち主です。
フクロウも夜でもよく見えるイメージが強いですよね。

Q 答え （1）It is a nice day. / It is nice today.
（2）It is six fifty. / It is ten to seven. / It is ten before seven.

09 「〜を」「〜に」「〜と」で 見分ける前置詞

前置詞は場所や時をあらわす時によく使います。
at は短くてせまい，on は面，in は長くて広い，とイメージしましょう。

▶前置詞って何？

前置詞は説明しにくいものだと思います。

なぜならば日本語には前置詞というものがないのです。ただし前置詞のはたらきが日本語の何にあたるかを説明することはできます。

日本語で助詞と呼ばれているものです。<u>単語と単語をつないでいくはたらき</u>をします。

えーっと……

文法用語だとむずかしくかんじますよね。

それでは長沢流前置詞とは何かを解説してまいりましょう。

次の日本語と英語の比較表をみてください。

東京に	in **Tokyo**
東京へ	to **Tokyo**
名詞の後ににやへがある	名詞の前に **in** や **to** がある
助詞	前置詞

　もしも英語のように，にやへに名前をつけるとすると後置詞となってしまうでしょう。
　では，よく使う前置詞を紹介(しょうかい)しますね。

- **at** ［アットゥ］ ～に
- **in** ［インヌ］ ～の中に（または）～に，～で
- **on** ［オンヌ］ ～の上に
- **of** ［オヴ］ ～の
- **with** ［ウィず］ ～といっしょに
- **before** ［ビフォーア］ ～の前に
- **after** ［エァフタァ］ ～の後で
- **near** ［ニアァ］ ～の近くに
- **by** ［バーィ］ ～の近くに，～のそばに
- **about** ［アパーゥトゥ］ ～について

ちなみに **by** は **near** よりも近いと考えてください。

　比較をしてみると，日本語と英語はことばのならべ方が反対になっていると考えられます。

　前置詞の使い方をお話しする前に日本語と英語の大きなちがいについて考えてみましょう。

日本語の場合	英語の場合
私は本をもっています。	**I have <u>a</u> book.** **I have book<u>s</u>.**

本が何さつあるのかこの文でははっきりしない。	英語では1さつの本，または2さつ以上の本とはっきりいわなければならない。

日本語は最後まで聞かないと本を<u>もっている</u>のか，本を<u>もっていない</u>のか，本を<u>買った</u>のかわからない。	〈私がどうする〉ということをさいしょにはっきりさせるので，すぐに「私はもっている」ということがわかる。 すると〈何を〉という疑問が生まれ，その答えは<u>1さつの本</u>（または）<u>2さつ以上の本</u>になる。

日本語の場合	英語の場合
東京に	in Tokyo

にという**助詞**を使って，**東京**という**名詞**をくっつけている。 にが**名詞**の**後**にきているので，英語の考え方でいうと**後置詞**といえる。	in という**前置詞**を使う。 **東京**という**名詞**の**前**に置くので**in** は前置詞と呼ばれている。

日本語では疑問に対してことばを置くということはありません。	〈どこに〉という疑問に対して in（中に），〈何の〉という疑問に対して Tokyo（東京）という形になっている。

　日本語と英語は文法がちがいますから，そのちがいをおさえておくと理解しやすくなりますよ。

Q。 **次の日本語の下線部に注意しながら, 英語に直してください。**

(1) 私は東京<u>に</u>住んでいる。

(2) 私は夕食の<u>前に</u>テレビを見る。

 「夕食」は dinner「テレビを見る」は watch television です。
日本語の文を見たら, 前置詞のかたまりを見つけてみましょう。

▶I marry her. に with がはいらない理由は?

これは前置詞ではなく<u>動詞が原因</u>なのです。

動詞の使い方をマスターすることは英語をマスターするための一番の近道です。

ですから動詞の使い方を正しく覚えることが何よりも大切です。

できるだけカンタンに説明をしていきますから, よく理解しながらついてきてください。

ふつう動詞には 2 つのパターンがあります。

Q 答え (1) I live in Tokyo. (2) I watch television before dinner.

> **パターン1** 「〜を」「〜に」「〜と」をとる動詞
>
> **パターン2** 「〜を」「〜に」「〜と」をとらない動詞

パターン1にあてはまる動詞の例を考えてみましょう。

パターン1

❶ **know** ［ノーゥ］ 〜を知っている

❷ **give** ［ギヴ］ 〜をあたえる，〜にあたえる

❸ **marry** ［メァリィ］ 〜と結婚する

---

❶ **I know**（私は知っている）〈だれを〉または〈何を〉
   I know + **him**.（彼を）
   I know + **that dog**.（あのイヌを）

❷ **I give**（私はあたえる）〈だれに〉または〈何を〉
   I give + **you**（きみに）+ **this book**.（この本を）

❸ **I marry**（私は〜と結婚する）〈だれ〉
   I marry + **Erika**.（エリカ）

パターン1の動詞は **know**（〜を知っている），**give**（〜をあたえる，〜にあたえる），**marry**（〜と結婚する）のように，「〜を」「〜

に」「〜と」などの意味をもうすでに動詞の中にもっているものが
あります。

動詞の中に意味をもっているので，前置詞が必要ないの
ですね。

　その通りです。**marry** は「〜と」をもっているので，**with** をつ
けないのです。

　では次に，パターン 2 にあてはまる動詞の例を考えてみましょう。

パターン 2

① **run** ［ゥランヌ］走る
② **go** ［ゴーゥ］行く

① **I run.**（私は走る）

　この文は 2 つの単語だけで意味がわかるので，これ以上何も置く
必要がないのです。もしも，もっとくわしく説明したいと思えば次
のようになります。

　I run（私は走る）〈<u>どこで</u>〉**in the park**（その公園）

　→ **I run in the park**. 私は公園で走る。

❷ **I go.**（私は行く，でかける）

　この文も 2 つの単語だけで意味がわかるのでこれだけでもいいのですが，もっとくわしく説明したい時は次のようにいうことができます。

I go（私は行く）〈<u>どこへ</u>〉**to Tokyo**（東京）
→ **I go to Tokyo.**（私は東京へ行く。）

　つまりパターン 2 にあてはまる動詞を使って「〜へ」「〜に」「〜で」の意味をあらわしたい時，「〜へ」と「〜に」は **to**，「〜で」は **in**［インヌ］か **at**［アットゥ］を使わなければなりません。

動詞が「〜へ」「〜に」「〜で」の意味をもっているかどうかを見分ける方法はありますか？

　よく使うものは決まっていますから，覚えてしまうのがよいでしょう。
　先ほどあげた，**know**, **give**, **marry** のほかに，**enter** も覚えておきましょう。

<u>**enter**</u>［エンタァ］<u>〜に入る</u>

　「〜に」をふくんでいるので **to** を使う必要はありません。

109

比較　私はその部屋に毎日入る。

Ⓐ I enter <u>the room</u> every day.

Ⓑ I go <u>into the room</u> every day.

---

into ［インチュ］〜の中に

Ⓐ I enter（私は〜に入る）〈どこ〉**the room**（その部屋）

Ⓑ I go（私は行く）〈どこ**の中に**〉**into the room**（その部屋の中に）

enter ＝ go into 〜に入ると覚えましょう。

Ⓠ。**次の日本語の下線部に注意しながら , 英語にしてください。**

　（1）　私は私の母<u>といっしょに</u>住んでいます。

　（2）　私の母と私<u>はいっしょに</u>住んでいます。

 〜といっしょには 2 つの単語であらわすことができます。
1つは with［ウィ**ず**］, もう1つは together［**トゥゲざァ**］です。

Q 答え（1）I live with my mother.　（2）My mother and I live together.

with は前置詞なので **with him**（彼といっしょに）のような使い方ですが，**together** は<u>付け加え</u>として英文の最後に使います。

この<u>付け加え</u>を私はおまけと呼んでいます。学校ではこれを副詞と習います。

▶時間をあらわす at と in と on の使い分けは？

at と **in** と **on** は，時間と場所をあらわすことができます。

まずは時間をあらわすときに，どのようなちがいがあるか紹介します。

● **at**	アッという間にすぎるような短い時間，しゅんかん，1つのことしかできないぐらいの時間
● **in**	時間的に長いいろいろなことをすることができるような時間
● **on**	はっきりこんな日というように，きまってしまっている日

下のように覚えると忘れずに使い分けられるようになりますよ。

- **at** アッという間にすぎる短い時間
- **in** 時間的に長いんだ
- **on** おきまりの日

使い分けを考えながら，よく使う表現を覚えていきましょう。

- 午前中に **in the morning** ［インざモーニン・］
- 昼から **in the afternoon** ［インずィエァフタヌーンヌ］
- 夕方に **in the evening** ［インずィイーヴニン・］
- 夜に **at night** ［アッ・ナーィトゥ］
- 正午に（お昼の 12 時に） **at noon** ［アッ・ヌーンヌ］
- 朝早く **early in the morning** ［ア～リインざモーニン・］
- 夜おそくに **late at night** ［れーィタッ・ナーィトゥ］
- 春に **in（the）spring** ［インざスプゥリン・］
- 日曜日に **on Sunday** ［オンサンデーィ］
- 5 月 1 日に **on May the first** ［オンメーィざファ～ストゥ］
- あるはれた日に **on a nice day** ［オナナーィスデーィ］

▶ 場所をあらわす at と in と on の使い分けは？

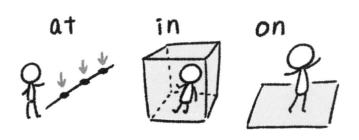

- **at** 場所的にせまい。一地点だと考える。

- **in** 場所的に広い。もともと「中に」という意味なので，何かに囲（かこ）まれている立体をあらわす。

- **on** 点がたくさん集まって線になるので，平面をあらわす。「〜に面している」。

ただし **at** と **in** はその人がどう感じるかによって使い分けることができるのです。

ちょっとふくざつですが，よく覚えておいてください。

例 **I arrive at the airport in Tokyo.**

私は東京のその空港に到着する。

arrive at［アゥラーィヴァットゥ］〜に到着する
arrive in［アゥラーィヴィンヌ］〜に到着する

場所が 2 つある場合はせまい方に **at**，広い方に **in** を使って使い分けをします。

> 場所が 2 つのときは大きさでふりわけて，1 つのときはその人の感じ方しだいで at と in を判断してよいのですね。

　はい。
　「着く」という意味をあらわす単語は複数あるのですが，すこしややこしいのでまとめて確認してみましょう。

- **arrive at**［アゥラーィヴァットゥ］せまい（と思う場所）に着く
- **arrive in**［アゥラーィヴィンヌ］広い（と思う場所）に着く
- **get to**［ゲッ・チュ］〜に着く
- **reach**［ゥリーチ］〜に着く

　reach は「〜に」をもっているので，前置詞はいらない単語ですよ。
　では確認してみましょう。

(1) 私は今日彼女の家<u>に</u>着く。(3 種類)

(2) 彼女は今日<u>ここに</u>着く。(3 種類)

「ここに」は here です。here や there(そこに) や home(家へ / に) は，「～に」「～へ」をもっていることばなので，前置詞は使いません。

今日の 長沢先生

昔、飼っていたニワトリをネコがつれ去ったことがあります。
すぐに追いかけて，ニワトリも無事だったのですが，ニワトリをかぶったネコを追うのは，不思議な経験でした。

Q 答え (1) I arrive at her house today. / I get to her house today.
／ I reach her house today.
(2) She arrives here today. / She gets here today.
／ She reaches here today.

10 ～ ing は「何かをして いるところ」

be 動詞を前に入れて，動詞のうしろに ing をつける と「～しているところ」という意味になります。これ は，現在進行形と呼ばれます。

よくあるまちがい

彼は走っています。

○ He is running.

✗ He runing.

▶現在進行形って何？

ここでは現在進行形について考えていきたいと思います。

ずばり，現在というのは今のことを意味しています。そして進行 形とは進んで行くということです。

そして，現在＋進行をくっつけて現在進行形という呼び方の文法 用語として使われています。

カンタンにいえば，今何かを**しているところ**という意味なんです よ。

形としては，動詞のうしろに **ing** をつけて「～しているところ」

という意味をあらわします。

　あなたは青春ing（アイエヌジー）していますか。つまりもしも青春するという動詞があれば青春するingで青春しているところという意味になるわけです。

現在進行形

be ＋動詞の ing 「〜しているところです。」

この be というのは be 動詞のことですか？

　はい，**be** 動詞の **is**，**am**，**are** のことです。意味は「〜です」でしたよね。

　「私は〜しています」であれば **I am** 〜 **ing** になり，「あなたは〜しています」であれば **You are** 〜 **ing** で，「彼は〜しています」の時は **He is** 〜 **ing** のように **be** のところが変化します。

▶ 現在進行形に be 動詞が必要な理由は？

　これは，動詞に **ing** をつけたから前に **be** 動詞が必要になってしまったのです。

では，それはなぜかを考えていきましょう。

　まず考えたいのは，**ing** をつけた時の意味の変化です。「走る」の場合は **ing** をつけると「走っている」となります。
　「走っている」ということばは，どんな単語と同じような使い方ができるかを考えてみると，なぜ **be ＋動詞＋ ing** になるのかがわかってくるのです。

　まず，走っているはどんな単語と交かんすることができるかを考えてみましょう。

　たとえば，〈あの少年〉というかたまりがあるとします。
　そこにどんな少年かを説明したいと思った時は，〈あの＿＿＿少年〉の＿＿のところにようすをあらわす単語を入れます。
　ためしにちいさいをいれてみると，〈あのちいさい少年〉となります。

　かわりに走っているという単語を入れかえることはできるでしょうか。

　〈あの走っている少年〉になるので，入れかえられそうですね。

はい，その通りです。
つまり「ちいさい」と「走っている」は同じ種類の単語だという

ことがわかります。

ですから，**ing** をつけた動詞（**runni̲ng**）は「ちいさい」と同じ種類の単語に変化してしまっているのです。

「ちいさい」は形容詞なので，「走っている」も形容詞だということになります。

形容詞とは，もののようすや状態をあらわすことばなのです。

なぜ形容詞には be 動詞が必要なのでしょうか？　

では，形容詞の 2 つの使い方を勉強しながらマスターしていきましょう。

あの少年はちいさい。

That boy is small.

「あの少年はちいさい。」と書いてありますが，「です」があるものと考えて，英語に直してください。すると **That boy is small.** になります。

英語では「何がどうする」のような文を作らないといけないので，ですが日本文の中になくてもあるものとして考えます。

つまり形容詞を使う場合は **be ＋形容詞**としなければいけないわけです。

be ＋形容詞ですね。

「ちいさい」は形容詞で，「走っている」も形容詞なので **be ＋ちいさい**，**be ＋走っている**としなければいけません。

だから学校では現在進行形の公式を **be ＋動詞の ing** と呼んでいるのです。

ですが **be ＋形容詞**と覚えておけば便利なのです。

あの少年は走っている。
That boy is running.

「走っている」は「ちいさい」と同じ使い方（形容詞）のことばなので **is** が必要です。

That boy is small. から考えて，**small** の代わりに **running** を入れて **That boy is running.** となります。

▶現在進行形の作り方は？

現在進行形を作るときは，次の 2 ステップで考えるとよいのです。

現在進行形の作り方
1 すぐに動詞に **ing** をつける。
2 必ず **be** 動詞が前にあるかをチェックする。

つまり，1つの動詞を見たら2つの（　　）（　　）を頭の中に思いうかべればまちがいがなくなるでしょう。

そしてうしろの（　　）に〜**ing**を入れて，前の（　　）に**be動詞**の変化をおけばよいのです。

He（**runs**）. → **He**（**is**）（**running**）.
　　（ ）（ ）

Q. 普通の文を現在進行形に書きかえてみましょう。

(1)　**He runs.** → 　**He**（　　　）（　　　）.

(2)　**Does he run?** →（　　　）**he**（　　　）**?**

be動詞を入れるので Does ではなく Is を使います。

Q答え（1）He (is) (running). (2)（ Is ）he (running)?

▶ runing ではなく running と n が 2 つ重なる理由は？

じつは発音が影響してこのように形がかわります。

それでは動詞に **ing** をつける方法をお話ししましょう。

まず，**run** について考えてみましょう。

run［ゥランヌ］という単語をローマ字であらわしてみます。すると **ran** となります。

この時，一番最後の音の前に **ア イ ウ エ オ** が 1 つだけあり，<u>アクセント</u>（単語を読む時に強く発音するところ）もある場合は必ず**最後の音，n を重ねて ing** をつけるのです。

run + ing → running［ゥラニン・］

読む時に running（ランニング）と発音してはいけないのでしょうか？

よい質問ですね。音のことでなやむ時は，いつもその単語の読み方をローマ字であらわしてみると正しい読み方がわかります。

たとえば **run** はローマ字であらわすと **ran** になり，**ing**［イン・］をつけると **raning** となります。

これを 1 つ 1 つ読んでいきます。**ra**［ゥラ］**ni**［ニ］**n**［ン］**g**［・］となります。つまりどうがんばっても **running** はランニングとは読めないことになります。

　ただし英語とローマ字の考え方をごちゃまぜにしてはいけません。**run**［ゥラン］**ni**［ニ］**n**［ン］**g**［グ］のように考えてはいけません。

　あくまでも単語全体をローマ字で書いてから，それに **ing** をつけて単語を読むようにしましょう。

▶ing をつけると形が変わる他の動詞は？

　make も **ing** をつけると形が少し変わります。

　make の場合はさっきと同じようにローマ字であらわすと **meik** となり，英語の最後の **e** は発音していないことに気がつくと思います。

　だから **make** の **e** を消して **ing** をつけます。

$$\text{make} + \text{ing} \rightarrow \text{making}　［メーィキン・］$$

　同じパターンの単語がいくつもあるので，次の法則を覚えておきましょう。

動詞に ing をつける時の法則

1 単語の最後の **e** は発音していないので **e** を消して **ing** を
つける。

2 単語の最後の音の前にア イ ウ エ オが1つしかない
場合は最後の文字を重ねて **ing** をつける。

3 そのほかはふつう **ing** をつけるだけでよい。

 動詞に ing をつける練習をしてみましょう。

(1) **read**（〜を読む）

(2) **have**（〜を食べる，〜を飲む）

(3) **swim**（泳ぐ）

アイウエオのでてくるところをローマ字にして考えると
わかりやすいですよ。

▶ have の現在進行形 having が「〜をもっている」 という意味ではないのはなぜ？

確かに **have** は「〜をもっている」という意味なのですが，この
場合，**ing** 形の勉強のところなので **have** には「〜を食べる，〜を

Q 答え （1）reading （2）having （3）swimming

飲む」という意味もあるということを書いてあります。

つまり,「〜をもっている」という意味の **ing** 形はふつう中学では使ってはいけないことになっています。

ですから,「もつ」と「〜をもっている」はどちらも **have** なのです。

「〜をもっている」は状態だからですね。

はい。ただし **have a bath**［ヘァヴァベァす］のように「おふろにはいる」の場合は

I am having a bath.（私はおふろにはいっています。）

ということはできます。

ということで,現在進行形での **have** は「〜を食べる」,「〜を飲む」で覚えるとよいでしょう。

もちろん **having** は「〜を食べている」,「〜を飲んでいる」という意味で使うことができます。

そうだったのですね。have（〜をもつ, 〜をもっている）と同じようにふつうの動詞の意味と ing 形の意味をどちらも意味するような動詞はありますか？

あります。たとえば **stand** がそうです。「立つ」と「立っている」という意味をもっています。

そして **standing** も「立っている」という意味です。

- **Stand up.**（立ちなさい。）
- **Our school stands on the hill.**
  （私たちの学校は丘の上に建っています。）
- **He is standing.**（彼は立っています。）

つまり，建物がずっと建っているのは **stand**，彼が今立っている
のは **standing** なのです。

Q。次の日本語を英語に直してください。

(1) 彼らの学校は丘の上に建っています。

(2) 彼女は夕食を食べているところだ。

日本語にまどわされすぎずに，どんな状況なのかをイメージ
するとよいです。

Q 答え（1）Their school stands on the hill. (2) She is having dinner.

▶「〜していたところ」といいたい時は？

be 動詞を過去形に変えればよいのです。

「部屋に入ったら彼がごはんを食べていたところだったんだよ。」
というように，過去に起きていた最中だったことを話す時に使います。

そのため，過去進行形と呼ばれています。

過去進行形
be 動詞の過去形 + 動詞の ing
「〜していた。」

be 動詞の過去形ですか？

be 動詞は **is，am，are**（〜です）という単語を習いましたね。
過去形は，**was**［ワズ］，**were**［ワァ］（〜でした）です。
それともう1つ **be**［ビー］（〜です）という単語を習います。

be について少しだけ説明しておきます。

文法用語でいうと，**be** は〈**is，am，are** の原形〉です。原形とは元になるもの，つまり〈赤ちゃん〉のようなものです。

英語で「です」の意味をあらわす **is, am, are** の〈赤ちゃんの形〉が **be**［ビー］なのです。

くわしいことはもう少しあとの項目で説明しますね。

was と were はどの主語とくっつきますか？

下のように覚えましょう。

• I <u>am</u>	<u>was</u> →	I <u>was</u>
• He <u>is</u>		He <u>was</u>
• You <u>are</u>	<u>were</u> →	You <u>were</u>
• We <u>are</u>		We <u>were</u>

am と **is** の過去形は **was**，**are** の過去形は **were** です。

また，相手に「今は何しているの？」「その時何していたの？」と聞きたい時に便利な表現もいっしょに覚えておきましょう。

新しい文法が出てきたら，その表現を使う時によく出てくる質問もいっしょに覚えるのがおすすめです。

そうすれば，自分が質問したい時だけではなく，質問された時にすぐに答えることができるようになります。

- **What <u>are</u> you doing now?**

  （あなたは今，何をしていますか。）

- **What <u>were</u> you doing then?**

  （あなたはその時何をしていましたか。）

  now［ナーゥ］今　**then**［ゼンヌ］その時

英文に **now**（今）を入れる場合は「〜している」をあらわし，**then**（そのとき）を入れる場合は「〜していた」をあらわします。

Ⓠ。**次の日本語を英語にしてください。**

(1) あなたは今，何をしていますか？
－私は英語を勉強しています。

(2) あなたはその時何をしていましたか？
－私は英語を勉強しているところでした。

「勉強する」は study，「英語」は English です。

今日の
長沢先生

フクロウが鳴くと次の日は晴れる，という話があります。
ですから，着物をせんたくして，糊づけして，伸子張りをして干しなさいという意味で，与兵衛　もどって　ねんころせ　あした糊するけ　という「聞きなし」がありますよ。

Q 答え（1）What are you doing now? － I am studying English.
　　　（2）What were you doing then? － I was studying English.

動詞の形をかえると
過去になる

「〜した」というように過去のことを伝える時に使います。これは過去形と呼ばれ，動詞に ed をつけるものと，不規則に変化するものがあります。

よくあるまちがい

私は夕食を食べた。

○ **I had dinner.**

✗ **I haved dinner.**

▶動詞が変化するとは?

これは日本語で考えてみるとよくわかります。

「見る」が過去のことをあらわす時は「見た」にかわりますよね。

これと同じで英語も，**あらわす時間や状態によって動詞の形がかわります**。

これを，文法用語で時制といいます。

では動詞の変化について考えてみましょう。

動詞とは動きをあらわすもので，日本語で一番最後の音が**ウ段でおわるもの**のことをいいます。

ただし動詞によっては**状態**をあらわすものもあります。

「～を知っている」や「～をもっている」ですね。

はい。

なんといっても，英語の一番大切な勉強は，動詞の変化を覚えて使いこなせるようにすることです。

動詞は，時と場合におうじてかなり形がかわることがあります。

私たちはまず正確に動詞の変化を覚えなければなりません。そしてだんだんに1つ1つの動詞の使い方を覚えなければならないのです。

では過去をあらわすときはどのように変化するのですか？

過去をあらわす場合，基本的には

動詞 + ed と変化します。

like（～を好む）→ lik**ed**
look（見る）→ look**ed**

ただ，じつはよく使う動詞ほど **ed** をつけるのではなく，ちがう形になる不規則な変化をおこしがちです。

ここではまず動詞の不規則な変化を覚えやすいように表にしてみました。

この表を見ながら，ゆっくりで大丈夫ですから動詞の使い方の
コツを覚えてください。

　不規則動詞には **4つのタイプ** があります。

タイプ1　（A-A-A のパターンで変化）			
現在形	過去形	過去分詞形	意味
cut [カットゥ]	**cut** [カットゥ]	**cut** [カットゥ]	〜を切る
hit [ヒットゥ]	**hit** [ヒットゥ]	**hit** [ヒットゥ]	〜を打つ
put [プットゥ]	**put** [プットゥ]	**put** [プットゥ]	〜を置く
shut [シャットゥ]	**shut** [シャットゥ]	**shut** [シャットゥ]	〜をしめる

タイプ2　（A-B-B のパターンで変化）			
現在形	過去形	過去分詞形	意味
bring [ブゥリン・]	**brought** [ブゥロートゥ]	**brought** [ブゥロートゥ]	〜をもってくる
build [ビオドゥ]	**built** [ビオトゥ]	**built** [ビオトゥ]	〜を建てる
buy [バーィ]	**bought** [ボートゥ]	**bought** [ボートゥ]	〜を買う
catch [ケァッチ]	**caught** [コートゥ]	**caught** [コートゥ]	〜をつかまえる
find [ファーィンドゥ]	**found** [ファーゥンドゥ]	**found** [ファーゥンドゥ]	〜を見つける

get [ゲットゥ]	**got** [ガットゥ]	**got** [ガットゥ]	～を得る
have [ヘァヴ]	**had** [ヘァッドゥ]	**had** [ヘァッドゥ]	～をもっている
hear [ヒアァ]	**heard** [ハ～ドゥ]	**heard** [ハ～ドゥ]	～を聞く
keep [キープ]	**kept** [ケプトゥ]	**kept** [ケプトゥ]	～を保つ
leave [りーヴ]	**left** [れフトゥ]	**left** [れフトゥ]	（～を）出発する
lose [るーズ]	**lost** [ろーストゥ]	**lost** [ろーストゥ]	～をうしなう
make [メーィク]	**made** [メーィドゥ]	**made** [メーィドゥ]	～を作る
meet [ミートゥ]	**met** [メットゥ]	**met** [メットゥ]	～に会う
say [セーィ]	**said** [セッドゥ]	**said** [セッドゥ]	～をいう
sell [セオ]	**sold** [ソーゥオドゥ]	**sold** [ソーゥオドゥ]	～を売る
send [センドゥ]	**sent** [セントゥ]	**sent** [セントゥ]	～を送る
sleep [スリープ]	**slept** [スれプトゥ]	**slept** [スれプトゥ]	眠る
stand [ステァンドゥ]	**stood** [ストゥッドゥ]	**stood** [ストゥッドゥ]	立つ，立っている
teach [ティーチ]	**taught** [トートゥ]	**taught** [トートゥ]	（～を）教える

tell [テォ]	**told** [トーゥオドゥ]	**told** [トーゥオドゥ]	〜を話す
think [すィンク]	**thought** [そートゥ]	**thought** [そートゥ]	〜を考える
understand [アンダァステァンドゥ]	**understood** [アンダァストゥッドゥ]	**understood** [アンダァストゥッドゥ]	（〜を）理解する

タイプ3 （A-B-A のパターンで変化）			
現在形	過去形	過去分詞形	意味
become [ビカム]	**became** [ビケーィム]	**become** [ビカム]	〜になる
come [カム]	**came** [ケーィム]	**come** [カム]	来る
run [ゥランヌ]	**ran** [ゥレァンヌ]	**run** [ゥランヌ]	走る

タイプ4 （A-B-C のパターンで変化）			
現在形	過去形	過去分詞形	意味
be/am/is	**was** [ワズ]	**been** [ビーンヌ]	〜です
are	**were** [ワァ]		
begin [ビギンヌ]	**began** [ビゲァンヌ]	**begun** [ビガンヌ]	始まる
break [ブゥレーィク]	**broke** [ブゥローゥク]	**broken** [ブゥローゥクンヌ]	〜をこわす
do [ドゥー]	**did** [ディッドゥ]	**done** [ダンヌ]	〜をする

draw [ジュロー]	**drew** [ジュルー]	**drawn** [ジュローンヌ]	～をえがく
drink [ジュリンク]	**drank** [ジュレァンク]	**drunk** [ジュランク]	(～を) 飲む
drive [ジュラーィヴ]	**drove** [ジュローゥヴ]	**driven** [ジュリヴンヌ]	(～を) 運転する
eat [イートゥ]	**ate** [エーィトゥ]	**eaten** [イートゥンヌ]	(～を) 食べる
fall [フォーォ]	**fell** [フェオ]	**fallen** [フォーリン・]	落ちる
fly [フらーィ]	**flew** [フるー]	**flown** [フらーゥンヌ]	飛ぶ, ～を飛ばす
give [ギヴ]	**gave** [ゲーィヴ]	**given** [ギヴンヌ]	～を与える
go [ゴーゥ]	**went** [ウェントゥ]	**gone** [ゴーンヌ]	行く
know [ノーゥ]	**knew** [ニュー]	**known** [ノーゥンヌ]	～を知っている
ride [ウラーィドゥ]	**rode** [ゥローゥドゥ]	**ridden** [ゥリードゥンヌ]	～に乗る
see [スィー]	**saw** [ソー]	**seen** [スィーンヌ]	～を見る, ～に会う
show [ショーゥ]	**showed** [ショーゥドゥ]	**shown** [ショーゥンヌ]	～を見せる
speak [スピーク]	**spoke** [スポーゥク]	**spoken** [スポーゥクンヌ]	～を話す
swim [スウィム]	**swam** [スウェァム]	**swum** [スワム]	泳ぐ

take [テーィク]	**took** [トゥック]	**taken** [テーィクンヌ]	〜を取る
throw [すゥローゥ]	**threw** [すゥルー]	**thrown** [すゥローゥンヌ]	〜を投げる
write [ウラーィトゥ]	**wrote** [ウローゥトゥ]	**written** [ウリトゥンヌ]	（〜を）書く

　とにかく参考までに，動詞の現在形と過去形と過去分詞形をのせました。過去分詞形については，また別の機会にくわしく説明します。

Ⓠ. **次の日本語を英語にしてください。**

（1）　彼はきのう学校へ行った。

（2）　私は去年９才でした。

 「きのう」は yesterday，「９才」は nine years old，「去年」は last year です。

Q 答え（1）He went to school yesterday.
　　（2）I was nine years old last year.

▶過去形の否定文と疑問文の作り方は?

　どんな時制の時でも，否定文と疑問文の作り方は 22 ページの考え方で作れます。

　少しおさらいしてみましょうか。

　否定文と疑問文の公式はこれでしたよね。

否定文と疑問文

〈肯定文から否定文を作る〉公式

否定文　　＿①＿　　＿②＿　not　＿③＿

> not のうしろ
> は必ず③

〈否定文から疑問文を作る〉公式

疑問文　　＿②＿　　＿①＿　　＿③＿ ?

　この公式にあてはめながら，過去形の文を作っていきましょう。

　①には主語，②には **be** 動詞や **do**, **does** などの助動詞が入ります。**not** のあとは必ず③をつけてください。

He wanted a book.（彼は本がほしかった。）

まず，上の例文を否定文にします。

Ⓐ **He** + **wanted**
　　→彼はほしかった 😊

Ⓑ **He** + **a book**
　　→彼は本 😵

Ⓐの方がよく意味がわかります。だから + のところに **not** を入れます。

He not **wanted** a book.
　①　　　　③

否定文の公式は「　①　　②　not　③　」なのですが，②がないので，②の部分に **do** の過去形の **did**［ディッドゥ］を入れます。

He did not **want** a book.〈否定文〉
　① ②　　　③

次は疑問文の公式にあてはめて，　②　　①　　③　？の形にするわけです。

Did he want a book?〈疑問文〉
　② ①　③

もし，日本文の中に「です」「でした」ということばがなく，ふ

つうの動詞だけの時には，**he** なら **does**，**you** なら **do** を ② に入れて否定文と疑問文を作ります。

また過去の意味をあらわす動詞の場合は，② はいつも **did** を使います。

注意をしてほしいのは，**do**，**does**，**did** を使った文の中では動詞に **s** がついたり，**ed** がつくことはぜったいにありません。

Ⓠ。**次の日本語を英語にしてください。**

(1) 彼は英語を話した。

(2) 彼は英語を話しませんでした。

(3) 彼は英語を話しましたか？

 「〜を話す」は speak ですね。過去形は不規則な形です。

今日の
長沢先生

アオバズクは猛禽類の中ではかわいい部類のフクロウですが、別名鈴虫鳥です。
ヒナがリンリンリンと鳴くのです。
春のリンリンリンは実はアオバズクの声なのですよ。

Q 答え (1) He spoke English. (2) He did not speak English.
(3) Did he speak English?

12 「〜からずっと」は「過去から今までもち続けるhave」

現在完了形と呼ばれている文は，have ＋過去分詞形という形で，過去と現在を結びます。(1) 継続 (2) 経験 (3) 完了 (4) 結果　の使い方があります。

よくあるまちがい

彼はきのうからずっといそがしい。

◯ He has been busy since yesterday.

✕ He have been busy yesterday.

▶現在完了形とは？

　現在完了形というのは現在のことすなわち今のことと，完了のことつまり過去のことの両方を一度にあらわすことのできる文なのです。

　現在完了形と呼ばれている文は，

> ## have ＋過去分詞形

　という文の型でありながらいろいろな意味をあらわすことができます。

現在完了形で一番大切なことは，<u>過去のことを今ももちつづけています</u>，ということなんです。

　まずは，現在完了形の基本的な使い方をマスターしましょう。「継続」「経験」「完了」「結果」という4つの使い方があります。

▶「継続」の使い方は？

　では，感覚をつかむために例をいくつか見てみましょう。

❶ 彼はきのうからずっといそがしい。

　この文は，<u>きのう</u>という過去の気持ちと，<u>今</u>もいそがしいという現在の意味がふくまれていることから，**have ＋過去分詞形**の型にあてはまる現在完了形によって英語に直せるということがわかります。

　大切なことは，過去の状態を今ももちつづけている，ということなのです。

　一見むずかしそうに見えますが，これは「彼はいそがしい。」という〈赤ちゃんの文〉に「きのうからずっと」という説明がつけ足されて〈おとなの文〉になっているだけなのです。

「彼はいそがしい。」＝〈赤ちゃんの文〉

「彼はきのうからずっといそがしい。」＝〈おとなの文〉

彼はきのうからずっといそがしい。

彼はいそがしいです ＋ きのう（から）
〈赤ちゃんの文〉　　　　〈残ったかたまり〉
He is busy ＋ （**since**）**yesterday**

この〈赤ちゃんの文〉を **have ＋過去分詞形**の型にあてはめて，うしろに **since yesterday** をつけると正しい文になります。

He is busy ＋ **since yesterday**

He has ＋ **been** busy ＋ since yesterday.

➡**He has been busy since yesterday.**

　この例文の中に「彼はいそがしい。」という部分が出てきますが，「彼はいそがしい。」は，英語では **He is busy.** のように必ず **is** がくるということを理解しなければなりません。

〈赤ちゃんの文〉から考えていくんですね。

　はい。すぐに思い浮かばない，ちょっとむずかしい文は〈おとなの文〉です。まず〈赤ちゃんの文〉がどんなものかを考えることを忘れてはいけません。

is, am, are, was, were が〈赤ちゃんの文〉に入っていれば，すべて **have** または **has** + **been** になるということがわかってもらえると思います。

❷ 私は 33 年間丹波篠山に住んでいます。

　この文も，33 年前の過去のことと，今現在のこともあらわしていることから，**have** + 過去分詞形のパターンにあてはめなければならないことがわかってもらえるでしょう。

私は 33 年間丹波篠山に住んでいます。

<u>私は丹波篠山に住んでいます</u>　+　<u>33 年（間）</u>
　　〈赤ちゃんの文〉　　　　　〈残ったかたまり〉
I live in Tamba-Sasayama　+　(**for**) **33 years**

　この〈赤ちゃんの文〉を **have** + 過去分詞形の型にあてはめて，うしろに **for 33 years** をつけると正しい文になります。

I live in Tamba-Sasayama　+　**for 33 years**

I have + **lived in Tamba-Sasayama**　+　**for 33 years.**

➡ **I have lived in Tamba-Sasayama for 33 years.**

143

Ⓠ。 次の日本語を英語にしてください。

(1)　私は先週からずっといそがしい。

(2)　雨が 3 時間ふっています。

 「先週」は last week,「3 時間」は for 3 hours ですね。

▶「経験」の使い方は？

私は東京を 2 度おとずれたことがあります。

　この文は，過去に東京をおとずれたという経験を今も自分の気持ちの中にもちつづけていますよということをいいたいのです。

　だから，**have ＋過去分詞形**のパターンにあてはめることができるのです。

Q 答え (1) I have been busy since last week.
　　　 (2) It has been raining for 3 hours.

私は東京を 2 度おとずれたことがあります。

私は東京をおとずれた ＋ 2 回
　　〈赤ちゃんの文〉　　〈残ったかたまり〉
I visited Tokyo ＋ **twice**

この文を **have ＋過去分詞形**の型にあてはめてみます。

I visited Tokyo ＋ **twice**
I have ＋ **visited Tokyo** ＋ **twice.**
➡ **I have visited Tokyo twice.**

現在完了形は継続と経験のほかに，完了と結果があります。

ただ，この現在完了形については，決まり文句のように覚えてしまうのが一番はやく点をとる方法だと私は考えています。

だから，継続をあらわす時には **have ＋過去分詞形**を使うと，継続の意味や経験の意味をあらわすことができるということを理解してもらえばそれでよいと思います。

Q. 次の日本語を英語にしてください。

(1) 私は1回京都をおとずれたことがあります。
(2) 私は沖縄に行ったことがあります。

 「1回」は once,「行ったことがある」は
have been to + 場所 ですよね。

▶「完了」と過去形の使い分けは？

たしかに，現在完了形の完了という使い方は，過去形を使えばよさそうですよね。

少し例を見てみましょう。

私は宿題をしました。

この日本文を英語にする場合，ふつうは過去形で英語に直す人が多いと思います。

しかし「私はもうすでに宿題をしました。」とか，「私はちょうど宿題をしたところです。」とか「私はまだ宿題をしていません。」のような日本文になると，現在完了形（**have** ＋**過去分詞形**）で英語に直さないと×になってしまいます。

Q 答え（1）I have visited Kyoto once.（2）I have been to Okinawa.

146

たぶん「宿題をしました。」といっているのが今で,「宿題をした。」という状態を今ももっているという気持ちがあるからではないでしょうか。

　とくに,完了したよということを強くいいたいときも **have ＋過去分詞形**を使えばその気持ちがあらわせます。

　だから,「私は宿題をした。」は過去であらわすことも,現在完了形であらわすこともできるのです。

過去形	現在完了形
I did my homework.	**I have done my homework.**
これはただたんに「私は宿題をしたよ。」といっている。	「宿題をしたよ。」そして今もここにあるよという気持ちが入っている。

147

Ｑ。**次の日本語を英語にしてください。**

(1)　私はちょうど私の宿題をしおわったところです。

(2)　私はもうすでにこの本を読みました。

「ちょうど」は just [ヂァストゥ]，
「もうすでに」は already [オーオゥレディ] ですね。

▶「結果」と過去形のちがいは何ですか？

かりに次のような日本語を英語にするとします。

酒井さんは歌手になった。

この文を<u>過去形</u>として英語に直すこともできるのですが，現在完了形を使うこともできます。

では，過去形と現在完了形の結果のちがいを見ていきましょう。

Ｑ答え（1）I have just finished my homework.
　　　（2）I have already read this book.

過去形	現在完了形
酒井さんは歌手になった。	酒井さんは歌手になった。
Ms. Sakai <u>became</u> a singer.	**Ms. Sakai <u>has become</u> a singer.**
今のことにはふれていない。	酒井さんは歌手になった。 そして<u>今も歌手をしている</u>。

もうひとつ例をあげてみましょう。

私は時計をうしなった。

過去形	現在完了形
私は時計をうしなった。	私は時計をうしなった。
I <u>lost</u> my watch.	**I <u>have lost</u> my watch.**
今のことにはまったくふれていない。	時計をうしなった。今もうしなったままの状態を<u>もちつづけている</u>。

現在完了形だと「今どうなっているのか」がわかるんですね。

その通りです。

149

Q. 次の英語を日本語にしてから、現在完了形の経験，継続，完了，結果のどれにあたるか考えてみてください。

(1) **I have lost my watch.**

(2) **I have been busy since yesterday.**

(3) **I have visited Tokyo once.**

(4) **I have just finished my homework.**

とくに「継続」と「結果」の判断(はんだん)がむずかしく，どちらでとってもまちがいではないことも多いのです。「何を伝えたいのか」ということに注目して，どちらの方がよりぴったりなのかを考えてみましょう。

Q 答え (1) 私は時計をうしなったままです。(結果)
　　 (2) 私はきのうからずっといそがしい。(継続)
　　 (3) 私は一度東京をおとずれたことがあります。(経験)
　　 (4) 私はちょうど私の宿題をしおわったところです。(完了)

さて，現在完了形の使い方はわかってきたでしょうか。

最後によく使う表現を紹介しますから、会話をするときに役立ててみてください。

- 君は今までに東京へ行ったことはありますか。

  Have you ever been to Tokyo?

- 私は１回も東京へ行ったことはありません。

  I have never been to Tokyo.

- 私は以前に東京へ行ったことがあります。

  I have been to Tokyo before.

- 私は１回東京へ行ったことがあります。

  I have been to Tokyo once.

- 私はかつて東京へ行ったことがあります。

  I have once been to Tokyo.

- 私は２回東京をおとずれたことがあります。

  I have visited Tokyo twice.

- 私は３回東京をおとずれたことがあります。

  I have visited Tokyo three times.

- 君はもうこの本を読みおえましたか？

  Have you finished reading this book yet?

- 私はちょうどこの本を読みおえたところです。

  I have just finished reading this book.

- 私はもうすでにこの本を読みおえました。

  I have **already** finished reading this book.
- 私はまだこの本を読みおえていません。

  I have **not** finished reading this book **yet**.
- 君は何年東京に住んでいますか？

  How many years have you lived in Tokyo?
- 君はどれくらい東京に住んでいますか？

  How long have you lived in Tokyo?
- 私は長年東京に住んでいます。

  I have lived in Tokyo **for many years**.
- 私は長い間東京に住んでいます。

  I have lived in Tokyo **for a long time**.

▶現在完了形でまちがえやすいことは何？

現在完了形と過去形というのは，かさなりあうところは確かにありますが，過去は過去なのです。

現在完了形というのは，**過去と現在の間**をあらわすことのできる文ですが，どちらかといえば**現在形のうちの1つ**と考えられるのです。

つまり，過去形ではないため，はっきりとした過去をあらわすことばといっしょには使うことができないのです。

はっきりとした過去をあらわすことばですか？

はい。ではさっそく見てみましょう。

現在完了形といっしょに使うことのできないことば
❶ はっきりした過去をあらわすことば
❷ **ago**（〜前）という単語

- **yesterday**（きのう）
- **last week**（先週）
- **3 days ago**（3 日前）
- **when**（いつ）
  （「いつ生まれたの」「いつ生まれるの」のように過去や未来
  もあらわせることばだから）
- **just now**（今しがた）
  （「今さっき〜した」のように過去をあらわすときに使うから）

これって since 3 days ago のように since と ago をくっつけたらどうなるのですか？

たしかに **since yesterday**（きのうから）が使えるのなら，**since 3 days ago**（3日前から）も使えるのではと思いますが，実際には <u>**since 3 days ago**</u>（3日前から）は×です。

　もし<u>3日前から</u>を英語に直したい場合は，**for 3 days**（3日間）ということばを使いましょう。

　少しむずかしそうに見えますが，とてもよく使う表現も紹介しますね。

私の祖父がなくなってから5年になります。

① It's been five years since my grandfather died.

② My grandfather has been dead for five years.

③ Five years have〔has〕passed since my grandfather died.

④ It's five years since my grandfather died.

⑤ My grandfather died five years ago.

　アメリカ英語では，**It's five years 〜**はあまり使わず **It's been five years 〜**を使う人が多いようです。

　　It's five years 〜 ＝ **It is five years 〜**
　　It's been five years 〜 ＝ **It has been five years 〜**
　　をあらわしています。

❸ の **Five years have passed** は「1 年 1 年とたっていき 5 年たった」という気持ちをあらわしています。

Five years has passed は 5 年をひとまとめにした気持ちをあらわしています。

ただし入試や学校のテストにおいては **have** の方を使った方がよいでしょう。

Q. 次の日本語を英語に直してください。

(1)　彼は 3 日前から病気です。

(2)　私は先週からずっといそがしい。

とくに「継続」と「結果」の判断がむずかしく，どちらでとってもまちがいではないことも多いのです。「何を伝えたいのか」ということに注目して，どちらの方がよりぴったりなのかを考えてみましょう。

今日の
長沢先生

ふだんとちがう道を歩いていたら，空からキジバトが落ちてきました。
そして次の日には家の近くでキジを発見しました。
鳥に縁がある週でびっくりしました。

Q 答え (1) He has been ill for 3 days.
　　　 (2) I have been busy since last week.

13 willやcanは動詞を助ける

willやcanという単語は助動詞といいます。これは
「走る＋つもりです」「走る＋できる」など，動詞に
意味をつけ足すことができます。

よくあるまちがい

これは彼女のペンにちがいない。

○ This must be her pen.

✕ This must her pen.

▶助動詞とは何？

助動詞ということばは，たぶん中学1年生の3学期に **can**（でき
る）という単語を習ったときに聞いたことがあるのではないでしょ
うか。

本当は中学1年生の2学期で習っているんですよ。

do とか **does** という単語を教えるときに，先生によっては助動
詞ということばを使って説明されたかもしれません。

さて，助動詞という字を見てみると，**動詞を助ける**と読めるので
ピンときた人も多いのではないでしょうか。

はい。実はこれは，ただたんに動詞を助ける役目をする単語なんですよ。

　動詞というのは「〜する」つまり単語の最後の音が<u>ウ段</u>でおわるもののことでしたね。

　ですが，**動詞**だけでは私たちが考えていることすべてを相手に伝えることはできないんですね。

　だから，助動詞が必要になってくるわけです。

　助動詞を使うことによって動詞をもっとゆうこうに使うことができるんですよ。カレーの中にはいっているスパイスのようなものですね。

　それではさっそく助動詞の勉強をはじめましょう。

▶助動詞の使い方は？

まずはよく使われる4つの助動詞を紹介しますね。

- **can**［ケンヌ，文の最後ではケァンヌ］〜できる
- **must**［マストゥ］〜しなければならない
- **will**［ウィオ］〜するつもりです
- **may**［メーィ］〜してもよい

この4つの助動詞だけは最低覚えてしまいましょう。

では，次の❶から❹までの日本語を英語に直しながら，助動詞の使い方を覚えましょう。

❶ 私は英語を話すことが<u>できる</u>。＝ 英語を<u>話せる</u>。

この文を「英語はことばのキャッチボールだ」という法則を使って英語にします。

<u>私はできる</u>〈何ができる〉話すこと〈何を〉英語
　I can　　　　　　　＋　　　　**speak**　　＋　**English.**

➡ **I can speak English.**

❷ 私は英語を勉強しなければならない。

must ［マストゥ］ ～しなければならない

<u>私はしなければならない</u>〈何をしなければならない〉勉強する〈何を〉英語を
  I must   +   **study**   + **English.**

➡ **I must study English.**

❸ 私はあす東京へ行くつもりです。

will ［ウィオ］ ～するつもりです

<u>私はつもりです</u>〈何をするつもり〉<u>行く</u>〈どこへ〉<u>東京へ</u>〈いつ〉あす
  I will   +   **go**   + **to Tokyo** + **tomorrow.**

<u>東京へ</u>の<u>へ</u>は **to** になります。前置詞で，<u>名詞</u>の<u>前</u>に<u>置く</u>ので，
<u>東京へ</u>は **to Tokyo** になります。

➡ **I will go to Tokyo tomorrow.**

❹ あなたはここで英語を話してもよい。

may［メーイ］〜してもよい

あなたはしてもよい〈何をしてもよい〉話す〈何を〉英語を〈どこで〉ここで
You may + **speak** + **English** + **here.**

➡ **You may speak English here.**

　私が解説したこの4つが一番よく使われる基本的なパターンなんです。解説を通してどんなことがわかりましたか？

助動詞は全部 I（私は）と動詞の間にはさまっていますね。

　その通りです。助動詞 **can**（できる），**must**（〜しなければならない），**will**（〜するつもりです），**may**（〜してもよい）の4つとも **I（私は）の次にきている**ことに気がつくでしょう。

　今までは英語は必ず「私はどうする」というパターンになるので I（私は）のうしろにはすぐ動詞がきていたんですね。
　ところが，**動詞の前に助け船を出せば**，よりこみいったことを説明したり，自分の意志をはっきりのべたりすることができるようになるわけです。
　だからこそ，この助動詞ということばを大切にしなければならないわけです。

Q. 次の英文を右の日本文の指示にしたがって書きかえてください。

(1) **He runs fast.**（can をてきとうな場所に入れてください。）

(2) **I study English.**（must を入れてください。）

助動詞を入れたあとは，動詞が原形になることに注意してくださいね。

Q 答え（1）He can run fast.（彼は速く走ることができます。）
（2）I must study English.（私は英語を勉強しなければならない。）

▶「可能性」がどのくらいあるかをつたえる時は？

ほとんど確信している時や，あんまり可能性がない時など可能性をあらわす時も程度に差がありますよね。

使う助動詞によってその差をあらわすことができます。

- **must** + 動詞　〜しなければならない

  must + be　〜にちがいない

- **will** + 動詞　〜するつもりです

  will + be　〜でしょう

- **may** + 動詞　〜してもよい

  may + be　〜かもしれない

- **can't** + 動詞　〜することはできない

  can't + be　〜のはずがない

ただし，**I must，may，will，can't** のうしろに **+ ふつうの動詞** がきていても〜にちがいない，〜かもしれない，〜でしょう，〜のはずがない，の意味になることもたまにあります。

基本は be ですが例外もあるのですね。

その通りです。では実際に使い方をみていきますよ。

162

❶ これは彼女のペンにちがいない。

　この文を英語にするために考えなければならないことがあります。
　英語では必ず「何がどうした」「何がどうする」ということをま<u>ずはっきりといわなければならない</u>のですが,この文のどこにも「何がどうする」ということは書いてないわけです。
　つまり,この文は<u>動詞</u>というほど**はっきりした動きをもつことばがでてこない**ということなんです。

はっきりした動きをもつことばがないということは be
動詞が必要ですね！

　その通りです。なので英語文の中には **be** 動詞が入るはずです。**is** のように数学でいう＝（イコール）をあらわすことばがでてくるはずだということなんです。**is** は「です」をあらわしますよね。

これ＝彼女のペンだからですね。

　はい。ただし彼女のペンである可能性は 100% ではなくて 90% かもしれないといっています。

英語の文では「〜は〜です」，または「何がどうする」のどちらかのパターンをとらないと，正しい英語とはいえないということなんです。

　では，この文の〈赤ちゃんの文〉は何かを考えてみます。

〈赤ちゃんの文〉は，一番短くてカンタンな文でしたよね。

はい，その通りです。

〈赤ちゃんの文〉 これは彼女のペンです。 ▶ **This is her pen.**

〈おとなの文〉 これは彼女のペンにちがいない。

　だから，**must** という 助動詞 を〈赤ちゃんの文〉の中に入れて，〈おとなの文〉＝ ちょっとこみいった内容をあらわす文を作ることになるわけです。

「これは彼女のペンにちがいない。」
これはちがいない ＋ 〈何にちがいない〉彼女のペン

というように英語をならべなければなりません。

つまり **This must ～**になるわけです。そしてさきほどの **This is her pen.** の中に **must** を入れます。

This must be her pen.

　これで英文になりました。つまり〈赤ちゃんの文〉が何かと考えてから **must, will, may, can't** のようなことば（助動詞）をいれなければならないときはすべて **be** が出てくるわけです。

be 動詞の be ですか？

　この **be** というのは **is，am，are** の原形なんです。
　つまり〈赤ちゃんの文〉に **must** などの助動詞がはいるとすべての動詞は原形になるわけです。
　だから動詞に s がつくことはぜったいにないのです。

❷ **彼は走らなければならない。**

　まず〈赤ちゃんの文〉が何かを考えてみます。
　〈赤ちゃんの文〉彼は走る。▶ **He runs.**
　そしてこの文の中に **must** を入れます。
　He must run. となり s が消えます。
　つまりこの **run** は原形になっているということです。

❸ 次の文を否定文と疑問文にしてみましょう。

He runs.

まず **not** をいれる位置を決めます。

<u>He</u> _____ not <u>runs</u>
① ② ③

②の位置には助動詞がはいるわけです。

s を消して **does** をいれます。

<u>He</u> <u>does</u> not <u>run</u>.
① ② ③

否定文ができました。さらにこれを疑問文にします。

<u>Does</u> <u>he</u> <u>run</u>?
② ① ③

②番目の位置に入る **do, does, can, must, will, may** などはすべて助動詞と呼ばれるもので，そのうしろにはぜったい動詞の s のない形の原形がきます。

〈赤ちゃんの文〉に「です」の意味のあるものはすべて **be** になって出てくるのです。

4

〈おとなの文〉	〈赤ちゃんの文〉
❶ 彼は先生に<u>ちがいない</u>。	彼は先生です。
❷ 彼は先生<u>でしょう</u>。	彼は先生です。
❸ 彼は先生<u>かもしれない</u>。	彼は先生です。
❹ 彼は先生<u>のはずがない</u>。	彼は先生です。

　つまりすべて「彼は先生です。」または「彼は先生ではない。」の
ように **is** がはいってくる文がもとの文なのです。

　そして**❶**は **must**（～にちがいない），**❷**は **will**（～でしょう），
❸は **may**（～かもしれない），**❹**は **can't**（～のはずがない）があ
とではいってくるのですべて **is** が **be** になります。
　それぞれを英語にすると次のようになります。

❶ He <u>must</u> be a teacher.（彼は先生に<u>ちがいない</u>。）
❷ He <u>will</u> be a teacher.（彼は先生<u>でしょう</u>。）
❸ He <u>may</u> be a teacher.（彼は先生<u>かもしれない</u>。）
❹ He <u>can't</u> be a teacher.（彼は先生<u>のはずがない</u>。）

Q. 次の日本語を英語に直してください。

(1) あした雨ふりにちがいない。

(2) あした雨ふりかもしれない。

 「雨ふりの」は rainy でしたね。「あした」は tomorrow です。

助動詞のコツ，つかめてきたでしょうか？

では最後によく使う決まり文句的に使う助動詞の表現を紹介しますね。

●まどをあけてくれますか。	
Will you open the window? **Please** open the window. Open the window, **will you?**	▶はい。　**Yes, I will.** ▶いいえ。　**No, I won't.**
●まどをあけましょうか？	
Shall I open the window?	▶はい。　**Yes, please.**
	▶いいえ，けっこうです。 **No, thank you.**
●まどをあけてもいいですか？	
May I open the window?	▶もちろんです。　**Sure.**
	▶ごめんなさい，ダメなんです。 **I'm sorry, you can't.**

Q 答え（1）It must be rainy tomorrow. （2）It may be rainy tomorrow.

● 泳ぎに行きましょうか。
Let's go swimming,　shall we? **Shall we** go swimming? **How about** going swimming?
● あなたは静かにしなければならない。
You must be quiet.
静かにしなさい。
Be quiet.［クワーィエットゥ］
● あなたは勉強しなければならない。
You must study.
勉強しなさい。
Study.
● あなたは勉強してはいけない。
You must not study.
勉強するな。
Don't study.
● やかましくしてはいけない。
You must not be noisy.［ノーィズィ］ **You mustn't be noisy.** **Don't be noisy.**
● 私は走ることができる。
I can run. I am able to run.
● 私は泳ぐことができた。
I **could** swim. I **was able to** swim.

●私は走らなければならない。
I **must** run.
I **have to** run. ［ヘァフトゥ］
●私は走らなければならなかった。
I **had to** run.
●私は走るつもりです。
I **will** run.
I **am going to** run.
●私は走るつもりでした。
I **was going to** run.
●あなたは勉強すべきです。
You **ought to** study.
You **should** study.
●あなたは勉強した方がよい。
You **had better** study.
●あなたは勉強しない方がよい。
You **had better not** study.
●私は昔はよく泳いだものです。
I **would often** swim.
I **used to** swim.
●私は泳ぐのになれています。
I **am used to** swimming.
●あなたはつかれています。
You **are** tired. ［ターィアドゥ］
●あなたはつかれているにちがいない。
You **must be** tired.

● あなたはつかれているでしょう。
You will <u>be</u> tired.
● あなたはつかれているかもしれない。
You may <u>be</u> tired.

- **ought to** ［オー・トゥ］
- **should** ［シュッドゥ］
- **would** ［ウッドゥ］
- **could** ［クッドゥ］
- **am used to** ［アム ユース・トゥ］
- **used to** ［ユース・トゥ］
- **I'd like to** ［アーィ・らーィクトゥ］
- **won't** ［ウォーゥントゥ］ =**will not**
- **can't** ［ケァン・］ =**cannot**=**can not**
- **mustn't** ［マスントゥ］ =**must not**
- **I've** ［アーィヴ］ =**I have**
- **Did you** ［デイッヂュー］

ここをまちがえる
- **want** ［ワントゥ］ — **won't** ［ウォーゥントゥ］
- **used** ［ユーズドゥ］ — **used to** ［ユース・トゥ］

どうして Shall I open the window? = Do you want me to open the window? の2つの文が「私がまどをあけましょうか。」になるのですか？

たとえば **I want to study.** で（私は勉強したい。）をあらわします。

そして **I want him to study.** のようにすると（私は 彼に勉強してもらいたい。）のような意味にかわります。

つまり **You want to ~**だと（あなたは~したい）となりますが **You want me to ~**だと（あなたは 私に~してもらいたい）となるので，

Do you want me to open the window?

（あなた は 私にまどをあけてもらいたいのですか？）

という意味になります。

そして，もしあけてもらいたいのなら，私がまどをあけましょうかと同じように使えるというわけです。

ここまでに出てきた表現を見ていると，またいろいろと疑問が出てきたのではないかと思います。

気になることをぜひ質問してみてくださいね。

▶I will run. と I am going to run. にはちがいがありますか?

助動詞を使うパターンと使わないパターンですね。

まったく同じとはいえないものもありますが,同じものだと思ってもらってさしつかえありません。

それではなぜ2つの文が同じ意味になるのかを考えてみたいと思います。

- **I am going to run**. = I will run.

<u>私の気持ち</u>が<u>走ること</u>に向かって<u>動いている</u>ということは「私は走る<u>つもりです</u>。」になって「**I will run.**」でもよいのです。

- **I have to do** my homework. = I must do my homework.

私は**宿題をすること**を**もっている**だから「私は宿題を<u>しなければならない</u>。」となって **I must do my homework.** でもよいのです。

- **I am able to swim**. = I can swim.

私は**泳ぐこと**において**才能がある**ので「私は泳ぐことが<u>できる</u>。」となって **I can swim.** でもよいということになっています。

このように考えると,どうして同じような意味になるのかがわかります。

Ⓠ。**次の日本語を英語にしてください。**

    (1)　私は走ることができる。（2種類）

    (2)　私は泳がなければならない。（2種類）

 どんなイメージだったか思い返しながら考えてみてください。

▶ 提案したり頼んだりする時は？

提案や頼みごとの時は決まった形があります。

泳ぎに行きませんか。／泳ぎに行きましょうか。

- **<u>Let's</u> go swimming,　shall we?**
- **<u>Shall</u> we go swimming?**
- **<u>How about</u> going swimming?**

　ただし **go swimming** は「泳ぎに行く」という**決まり文句**なので **go to swim** とはいいません。

　それから **How about 〜** のうしろには必ず名詞がきます。

Q 答え (1) I can run. / I am able to run.
     (2) I must swim. / I have to swim.

How about this pen?（このペンはいかがですか。）

ただし **to swim** を **How about** のうしろに置くことはできません。

たぶん **about** と **to** がよく似た種類の単語なので，動詞が 2 つかさならないのと同じように，**about** と **to** もかさなるのをきらうのです。

だから **How about** のうしろには**動詞の ing 形**が必ずきます。

Q. 次の日本語を英語にしてください。

(1) 買いものに行きませんか。(3 種類)

(2) 勉強しませんか。(3 種類)

今日の
長沢先生

「月とスッポン」ということば，どうして比べるのがスッポンなのだろうかと疑問に思ったことはありませんか？
実はスッポンの別名はマル（丸魚とも書きます）。
どちらも丸だからなのです。

Q 答え (1) Let's go shopping, shall we?　(2) Let's sutudy, shall we?
　　　　　 Shall we go shopping?　　　　　　　　 Shall we study?
　　　　　 How about going shopping?　　　　　 How about studying?

14 受け身の「〜される」は 形容詞！

受け身（受動態）は「〜される」ということを伝える時に使います。be+動詞の過去分詞形であらわすことができます。

よくあるまちがい

私は直美さんに助けられた。

⭕ **I was helped by Naomi.**

❌ **I am helped by Naomi.**

▶受け身って何ですか？

受け身は受動態ということばで習ったかもしれません。

毎日勉強をいやいやしている人も多いと思います。いやいや勉強しているということが勉強をむりやり親や先生にさせられていることになり，こういう勉強の方法こそが受け身の勉強ということになります。

つまり受け身というのは無理やりだれかによってやらされることを意味するのです。

次の日本語を「〜によって〜される」という文に作りかえてみます。

(1) 彼は私を助けた。　➡ (1)′　私は彼によって助けられた。

(2) みんなはあなたを好き　➡ (2)′　あなたはみんなによって好かれ
　　です。　　　　　　　　　　　　ています。

(3) 君は彼女に話しかけた。　➡ (3)′　彼女は君によって話しかけられ
　　　　　　　　　　　　　　　　　　た。

(4) 彼はあのつくえを作った。➡ (4)′　あのつくえは彼によって作られ
　　　　　　　　　　　　　　　　　　た。

右の文は「〜された」になっていますね。

　はい。(1)の文を能動態と呼びます。そして(1)′ の文を受け身と呼んでいます。

　「A は B を〜した」という文を「B は A によって〜された」の文にするということは，2 人の登場人物がいるとすると，**おたがいのたちばが逆になる**ということです。

　つまり受け身とは相手のたちばからものを見ているということになります。

▶be+ 過去分詞形になる理由は？

もともと動詞であったものに ing がつくことによって**形容詞と同じ働き**になるのでしたよね。

そして動詞に ed をつける，または動詞を過去分詞形にすると動詞に ing の時と同じように**形容詞と同じ働き**となります。

ここでもう一度考えたいのは形容詞とはどんなことばであったかということです。

形容詞というのはものの形やものの状態，人のすがたや，人の状態をあらわす時に使うことばなんです。

たとえば，ちいさいという単語を例にして考えてみたいと思います。ちいさいという単語も，動詞に ing をつけた単語の **running**（走っている）も，動詞の過去分詞形である **helped**（助けられた）もすべて同じ種類のことばである形容詞なんです。

なぜ形容詞だとわかるのですか？

たとえば〈**あの少年**〉というかたまりがあるとします。

どんな少年かを説明したいと思った時にちいさいを使えば〈**あのちいさい少年**〉というかたまりを作ることができるのです。

そしてちいさいの代わりに走っているや助けられたという単語を

入れてみましょう。

　すると〈**あの**走っている**少年**〉,〈**あの**助けられた**少年**〉のように,よく意味のわかるかたまりを作ることができるということがわかると思います。

　つまりちいさいも走っているも助けられる（た）もまちがいなく形容詞だということがわかったわけです。

形容詞は「あの〈　　　　〉少年」で考えるのでしたね。

　それからもう1つの大切な形容詞の使い方を考えてみたいと思います。

---

❶ あの少年はちいさかった（ちいさいでした）。

❷ あの少年は走っていました。

❸ あの少年は助けられました。

　この3つの文の特徴を考えてみましょう。

　この3つの文は英語でもっとも大切な「何がどうした」「何がどうする」が文の中にまったくないことに気がつくと思います。

　こういう日本文には必ず「～です」「～でした」が文の中に入ってくるはずだということを覚えておいてほしいと思います。

3つの文の中に「〜でした」を発見しました！

　はい。つまり，ちいさいという単語を使うときは必ず **is, am, are, was, were** が前にないと正しい英語の文にならないということがわかってもらえると思います。

　たとえば「彼はちいさい。」という文は「**He is small.**」のように **small** の前に **is** を入れなければならないのです。

　だから走っているを使う時は「彼は走っている。」→「**He is running.**」のように **running** の前に **is** がくるわけです。

helped も形容詞と同じ働きだから is がくるのですね。

　その通りです。助けられる（た）を使う時「彼は助けられる。」ならば **He is helped.** 「彼は助けられた。」なら **He was helped.** のようになるのです。

　同じように過去のことをあらわしたいとき
　He was running.（彼は走っていました。）
　He was small.（彼はちいさかった。）
　のように必ず **was** がいるということなのです。
　だから受け身は **be** ＋動詞の過去分詞形になるのです。

次の日本語をいっしょに英語にしてみましょう。

① 私は彼によって助けられた。

② あなたは彼女によって助けられる。

③ あなたは彼女によって助けられるでしょう。

④ あなたは彼女によって助けられましたか？

⑤ 私は彼女によって助けられなかった。

まず①～⑤の日本文を見て助けられる（た）という形容詞がきているということに注意をしてください。

つまり，**helped** の前に be 動詞が必ずくるということを忘れてはいけません。

受け身の部分は，過去の意味をあらわしているなら **was か were + helped** になりますし，現在のことをあらわしているのなら **am, are, is + helped** になるはずだということを考えに入れながら英語にしていかなければなりません。

① **私は彼によって助けられた。**

  私は助けられた　　+　　彼によって

  I was helped　　+　　**by him.**

➡ **I was helped by him.**

2 あなたは<u>彼女によって</u>助けられる。

あなたは助けられる ＋ <u>彼女によって</u>

You are helped ＋ **by her.**

➡ <u>**You are helped by her.**</u>

3 あなたは<u>彼女によって</u>助けられるでしょう。

〈赤ちゃんの文〉 あなたは助けられる。

⬇

〈おとなの文〉 あなたは助けられるでしょう＋<u>彼女によって</u>
あなたは でしょう ＋ 助けられる ＋ by her

You will ＋ **be helped** ＋ **by her**

➡ <u>**You will be helped by her.**</u>

4 あなたは<u>彼女によって</u>助けられましたか？

あなたは助けられましたか ＋ <u>彼女によって</u>

Were you helped ＋ **by her** ？

➡ <u>**Were you helped by her?**</u>

❺ 私は<u>彼女によって</u>助けられなかった。

<u>私は助けられなかった</u>　+　<u>彼女によって</u>

I was not helped　+　**by** her.

➡ <u>**I was not helped by her.**</u>

考え方はわかったでしょうか？
ではさっそく問題をといてみましょう。

Ｑ。次の英文を受け身の文にしてください。

(1)　**He helped her.**

(2)　**Do you help him?**

(3)　**He can't help her.**

どんな問題が出ても，いちばんカンタンな〈赤ちゃんの文〉
の形にすれば，まちがいがさけられます。

Q 答え　(1) She was helped by him.　(2) Is he helped by you?
　　　　(3) She can't be helped by him.

▶ よく使う受け身の表現はありますか？

受け身の表現は決まり文句のようになっているものもあります。

● 私は英語に興味があります。

I am interested in English.

● 東京タワーはみんなに知られている。

Tokyo Tower is known to everyone.

● 私はそのニュースにおどろいた。

I was surprised at the news.

● 私は彼女のプレゼントが気に入った。

I was pleased with her present.

● このかべは木でできている。

This wall is made of wood.

● バターはミルクからできている。

Butter is made from milk.

● ミルクはバターになる。

Milk is made into butter.

● この時計は日本製です（日本で作られた）。

This watch was made in Japan.

● この箱はリンゴでいっぱいです。

This box is filled with apples.

● 私は読書にあきてしまった。

I was tired of reading.

- 私はドライブでつかれた。

  I **was tired from** my drive.
- あの丘は雪でおおわれている。

  That hill **is covered with** snow.
- 彼は先生だそうです。

  ❶ **They say that** he is a teacher.（ふつうの文）

  ❷ He **is said to** be a teacher.

  ❸ **It is said that** he is a teacher.

---

interested［インタゥレスティッドゥ］,
known［ノーゥンヌ］, **surprised**［サプゥラーィズドゥ］,
pleased［プリーズドゥ］, **made**［メーィドゥ］, **filled**［フィオドゥ］,
tired［ターィアドゥ］, **of**［オヴ］, **from**［フゥロム］, **into**［インチュ］,
drive［ジュラーィヴ］, **covered**［カヴァドゥ］

---

be made from, be made of はどちらも「～でできている」という意味なんですね。

はい，ですが使い分けをする必要があります。

パッと見て何でできているのかがわかる時は of，**何からできているのか聞かないとわからないようなもの**は from を使ってくださいね。

185

▶複雑な文を受け身にする方法は？

では，絶対に覚えておいてほしい受け身のパターンを教えます。

ふつうの文を受け身にするには，4パターンあります。

受け身の文には必ず動詞が入るので，動詞を見たら2つの（　）

（　）を思いうかべましょう。

前の（　）に **be** 動詞，うしろの（　）に動詞の過去分詞形

を入れます。

パターン1

2つめの（　）の動詞にあたる部分が熟語になっているパ

ターン。

❶ He <u>took care of</u> her.（彼は彼女の世話をした。）

　　（　）　熟語　⬇

She（was） taken care of by him.

（彼女は彼に世話をされた。）

❷ He <u>spoke to</u> me.（彼は私に話しかけた。）

　　（　）　熟語　⬇

　I（was） spoken to by him.

（私は彼に話しかけられた。）

186

パターン2

付け加えがあるパターン。

❶ **They <u>invited</u> me to the party.**（彼らは私をパーティーに招待した。）
    (   )(   ) ⬇

I（**was**）（**invited**）to the party（**by them**）.
（私はパーティーに招待された。）

❷ **He <u>took</u> me to Tokyo.**（彼は私を東京へつれていった。）
    (   )(   ) ⬇

I（**was**）（**taken**）to Tokyo by him.
（私は彼に東京へつれていかれた。）

パターン3

〈何を＋疑問文〉のパターン。

What do you call this flower?（この花は何と呼びますか。）
      (   )(   )

This flower（**is**）（**called**）~~by you~~.

（**Is**）**this flower**（**called**）？　by you は省略するのがふつうです。

What（**is**）**this flower**（**called**）？

（この花は何と呼ばれていますか。）

パターン 4

「見る」「聞く」「させる」のパターン。

● 五感を使う動詞＋ 人 ＋動詞の原形「 人 が〜するのを…する」
● make ＋ 人 ＋動詞の原形「人に〜させる」

見る

I <u>saw</u> him sing. （私は彼が歌うのを<u>見た</u>。）

（　　）（　　）⬇

He （was） （seen） **to** sing by me.

聞く

I <u>heard</u> him sing. （私は彼が歌うのを<u>聞いた</u>。）

（　　）（　　）⬇

He （was） （heard） **to** sing by me.

させる

I <u>made</u> him study. （私は彼に<u>むりやり勉強させた</u>。）

（　　）（　　）⬇

He （was） （made） **to** study by me.

動詞の前に「彼」がくる時だけが **he** で，それ以外の時は **him** になります。

順番に考えていけば，といていけそうです。

　はい。慣れるまでこのパターンにそって，ていねいに書きかえてみてください。

　by について１つ注意があります。
　by の次には，はっきりした名詞がくるのがふつうなので，**him** のような代名詞がくることは，まずありえません。
　しかし中学校などのテストでは代名詞の変化がねらわれるので，この本では代名詞を使っています。

今日の
長沢先生

みなさん旅行は好きですか？
旅行に行くとお城を観光することもあると思います。
みどころの１つは石垣の工夫。例えば熊本城では，石垣が反っていて登れなくなる武者返しになっていますよ。

比べる時は「2人の er」か「3人以上の est」

2人の間で比べる時〈比較級〉〜 er か more 〜

3人以上の間で比べる時〈最上級〉the 〜 est か the most 〜

同じくらいのものを比べる時〈原級比較〉as 〜 as

よくあるまちがい

私は彼よりも速く走ります。

⭕ **I run faster than he does.**

❌ **I run fast than him.**

▶ 2人の間で比べる方法は？

比較ということばがあります。2人いれば比べることができます。もちろん3人以上いても比べることはできます。

まず最初は2人の間で比較する場合の表現を学んでいきましょう。

私は彼よりもせが高い。

この文を英語にしてみたいと思います。

まず,「私は彼よりもせが高い。」の〈赤ちゃんの文〉は何だと思いますか？

「私はせが高い。」ですか？

はい，その通りです。

その〈赤ちゃんの文〉に「彼よりも」が<u>付け加えられている</u>と考えればよいのです。

私はせが高い ＋ <u>彼よりも</u>
I am tall ＋ **than he**

than［ザン］〜よりも，**taller**［トーらァ］〜の方がせが高い

ただしもう少し変化をさせなければなりません。

つまりこのままで 90% ぐらいは正確なのですが，あとの 10% を何とかしなければならないのです。

どこを変えればよいのでしょうか？

答えがどうなるのかを先に見てみましょう。

I am taller than he（**is**）.

さて，どこが変化しているかを見ていきますよ。

まず，この er について聞きたいのですが，これはどんなことばにつけるのですか？

er をつけるのは，形容詞と副詞と呼ばれているものです。

日本語でだれかと比べる時を考えてみてください。

形容詞と副詞は「〜よりも」のうしろにきます。

次の日本文で考えてみましょう。

1 私は彼よりも 速く走る。

2 私は彼よりも ちいさい。

3 私は彼よりも 上手に英語を話す。

　それぞれ 2 人のうち，どちらが「速いか」「ちいさいか」「上手か」を比べていますよね。

　つまり，「比べていること」に er をつけているのです。

では次に than he について聞きたいです。he は「彼は，彼が」ではないのでしょうか？ふつうの文のうしろにくるときは，いつも him を使っていたと思うのですが……。

　するどい質問です。次のように考えましょう。

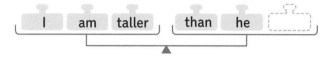

上の絵をよく見てください。

天びんがあるとします。左のさらにおもりが3つあるとします。つりあわせたいと思ったら右のさらにはおもりが2つしかないのです。

つりあわせるためのおもり（英語）を考えてみましょう。

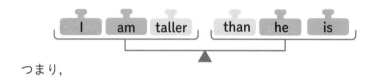

つまり，

〈左のさら〉		〈右のさら〉
taller（〜の方がせが高い）	に対して	**than**（〜よりも）
I（私は）	に対して	**he**（彼は）
am（です）	に対して	**is**（です）

こういう感じでつりあっているわけです。だから **I**（私は）からはじまっているので **him**（彼を）をおいてもつりあわないのです。

答えは **he**（彼は）になるわけです。

I am taller than he. と I am taller than he is. はどちらが正しいのですか？

どちらも正しいのです。

学校では **he** の方を教えますが，**he is** の方を覚えてください。英米人の中には **he** は不自然だという人もいます。最近では **him** を使う人もいます。

Q。**次の日本語を英語にしてください。**

(1) 私は彼女よりもせが高い。

(2) 私は彼よりも速く走ります。

(3) このバッグはあのバッグよりも大きい。

big の比較級は bigger になりますよ。同じ名詞で比較をするときは，2回目は「one」でいいかえます。

Q 答え (1) I am taller than she (is). (2) I run faster than he does.
(3) This bag is bigger than that one(is).

big をよーく見てください。最後の文字 g の前に ア イ ウ エ オ
のうちの イ の音があります。

ア イ ウ エ オ の音があってその上にアクセントがある場合は
最後の文字を重ねて er をつけます。

イーとかアーというように音がのびている場合は最後の文字を重
ねる必要はありません。

1 つの英文に同じ名詞がくり返し出てくる時は one を使います。

日本語でも「このバッグはあのバッグより大きい」を「このバッ
グはあれ（あのバッグ）より大きい」といいかえても通じますよね。

one には「同じ種類で別のもの」という意味があるのです。です
から，同じことばをくり返さないために one であらわすことがで
きます。

ただし，one を使わずに bag を使ってもまちがいではありません。

▶同じくらいな時は？

. . . .

「同じくらいせが高い」といいたい時は，どのようにすればよい
か考えてみましょう。

私は彼と同じくらいせが高い。

まず，文の作り方を考えてみましょう。次のように考えてはどう
でしょうか。

> 私はせが高い。　**I am tall.**
> 彼はせが高い。　**He is tall.**

この文を〈赤ちゃんの文〉と考えます。
どちらもせが高いので同じくらいせが高いと考えます。

I am tall. = **He is tall**.

⬇

I am tall he is（**tall**）

⬇ **tall** を「同じくらいせが高い」をあらわす形にする

I am ☐ **tall** ☐ **he is**

➡ **I am** as **tall** as **he is.**

このように〈比べることば〉を **as** と **as** ではさむことによって「同

196

じくらい」をあらわすことができます。

Today is as `hot` as yesterday was.

（今日はきのうと同じくらい暑い。）

She is as `old` as Tony is.

（彼女はトニーと同じくらいの年齢です。）

Today is as `cold` as yesterday was.

（今日はきのうと同じくらい寒いです。）

My phone is as `new` as yours is.

（私の電話はあなたのものと同じくらい新しい。）

Ⓠ。**次の日本語を英語に直してください。**

(1) 私は彼女と同じくらいせが高い。

(2) 私は彼と同じくらい速く走ります。

(3) 私は彼と同じくらい上手に英語を話すことができる。

「上手に」は well といいます。

Q 答え (1) I am as tall as she (is). (2) I run as fast as he (does).
(3) I can speak English as well as he (can).

▶3人以上を比べる時は？

まずは2人を比べる時と，3人以上を比べる時の区別を教えますね。

「～の方がちいさい」のようなものを**ちいさい**の比較級と呼んでいます。

ふつうは「～よりも」といっしょに使うことが多いと思います。

一方，3人以上を比べる時の「一番ちいさい」というような意味をあらわす単語を**ちいさい**の最上級と呼びます。

これは，デパートを想像してもらうとわかりやすいのです。

デパートの最上階にレストランがあるといっても通じるわけです。つまり最上階というのは一番上の階という意味なんです。

同じ比較の表現でも，比べるものや人の数であらわし方が変わるのですね。

その通りです。

では，どうやって最上級を組み立てていくかを知るために例文を見てみましょう。

❶ 彼は３人の中で一番せが高い。

the tallest［ざトーれストゥ］（一番せが高い），**of**（～の中で）

〈赤ちゃんの文〉を考えます。

〈赤ちゃんの文〉　**〈比較の範囲〉**

彼は一番せが高い。 ＋ ３人の中で

He is the tallest ＋ **of the three.**

➡ **He is the tallest of the three.**

❷ 彼はすべての少年の中で一番せが高いです。

〈赤ちゃんの文〉　**〈比較の範囲〉**

彼は一番せが高い。 ＋ すべての少年の中で

He is the tallest ＋ **of all (the) boys.**

➡ **He is the tallest of all (the) boys.**

❸ 彼女はすべての少女の中でもっとも美しいです。

the most beautiful [ざモーゥストゥ ビューティフォー]

〈赤ちゃんの文〉　　〈比較の範囲〉

彼女は<u>一番美しい</u>。　＋　<u>すべての少女</u>の中で

She is <u>the most beautiful</u>　＋　of <u>all (the) girls</u>.

➡ She is the most beautiful of all（the）girls.

❹ 彼女は私たちのクラスの中で一番にんきがあります。

the most popular [ざモーゥストゥ パピュらァ]
in（〜の中で）

〈赤ちゃんの文〉　　〈比較の範囲〉

彼女は一番にんきがあります。　＋　<u>私たちのクラス</u>の中で

She is the most popular　＋　in <u>our class</u>.

➡ She is the most popular in our class.

small は small ＋ er で（〜の方がちいさい）という意味をあらわすことができましたよね。

同じような考え方で **the small ＋ est** で**一番ちいさい**という意味をあらわす新しいことばを作ることができます。**the** がついている

のは，１つしかないという意味です。

　ただし，とても長い単語は **beautiful** の場合にもあてはまります
が，**more beautiful**（〜の方が美しい）＋ **the most beautiful**
（一番美しい）のように，<u>er</u> のかわりに **more，est** のかわりに
most を使うことになっています。

「〜の中で一番せが高い」のような日本語を英語に直してある場
合，「〜の中に」の部分が of になっている時と in になっている
時があるようですが，どういう使い分けをすればよいのですか?

　これはよい質問です。**in** の場合は
- **in <u>our class</u>**（私たちのクラスの中で）
- **in <u>Tamba-Sasayama</u>**（丹波篠山で）

のように <u>１つのかたまり</u>がくると考えてください。

　それに対して **of** は<u>複数の名詞</u>や<u>複数の意味</u>をあらわすものがく
るという点に注意してください。
　例としては

- **of <u>the year</u>**（１年のうちで，12 か月）
- **of <u>the three</u>**（３人の中で）
- **of <u>all（the）boys</u>**（すべての少年の中で）

のような使い方をするのがふつうです。

in と of も数で考えるとわかりやすいのですね。
もうひとつ質問です。どんな単語のときに the ～ est の
かわりに the most を使うのですか？

長い単語の場合です。

代表的なものは覚えておくとトクですよ。

- **beautiful**（美しい）［ビューティフォー］
- **famous**（有名な）［フェーィマス］
- **interesting**（おもしろい）［インタゥレスティン・］
- **difficult**（むずかしい）［ディフィカオトゥ］
- **popular**（人気のある）［パピュらァ］
- **careful**（注意深い）［ケアァフォー］

例 **more beautiful**（～の方が美しい）

the most beautiful（一番美しい）

Q. **次の日本語を英語にしてください。**

(1) 私は 3 人の中で一番せが高い。

(2) 私はすべての少年の中で一番速く走ります。

(3) 私は私たちのクラスの中で一番 上 手に英語を話せる。
   <small>じょうず</small>

> 「一番上手に」は best です。well の最上級は the best に
> なります。

> well は wellest ではなくて (the)best になるんですね。

　はい。いくつか不規則に変化するものがあります。

　変化の形は，**better - the best** のパターンと，**more - the most**
のパターンです。

　では，どんなことばがどんな意味になるのかを紹介しますね。

Q 答え (1) I am the tallest of the three.
　　　 (2) I run (the) fastest of all the boys .
　　　 (3) I can speak English (the) best in our class.

| 多くの（量） | 〜の方が多い（量） | 一番多い（量） |
多くの（数）	〜の方が多い（数）	一番多い（数）
much/many	**more** [モアァ]	**the most** [モーゥストゥ]

とても	〜の方がもっとよい	一番〜
very much	**better** [ベタァ]	**(the) best** [ベストゥ]

よく	〜の方がよく	一番よく
well	**better**	**(the) best**

よい	〜の方がよい	一番よい
good	**better**	**the best**

上手に	〜の方が上手に	一番上手に
well	**better**	**best**

上手な	〜の方が上手な	一番上手な
good	**better**	**best**

ありがとうございます。さきほど最上級でも the を省略できるものがありましたよね。どのように使い分ければよいのでしょうか?

　たとえば **small** は **He is small**,　**smaller**,　**the smallest** のように変化をします。

small を手でかくすと意味がわからなくなるのなら，**small** は**だいじな単語** = **the** ということで，**est** をつけるときには **the smallest**. のように **the** をつけるのです。

He runs fast. の場合，**He runs** だけでも意味がわかるので **fast** は**だいじではない**のです。

だから **the** を省略することができるのです。

では，最後にキホンの文をまとめておきますので，まよったら参考にしてみてくださいね。

---

❶ 彼は<u>せが高い</u>です。

　He is tall.

❷ <u>彼の方がせが高い</u>です。

　He is taller.

❸ 彼は<u>一番せが高い</u>です。

　He is the tallest.

❹ 彼は<u>彼女と同じくらいせが高い</u>。

　He is as tall as she is.

---

① 彼は<u>速く</u>走る。

He runs <u>fast</u>.

② 彼の<u>方が速く</u>走る。

He runs <u>faster</u>.

③ 彼は<u>一番速く</u>走る。

He runs (the) <u>fastest</u>.

④ 彼は<u>彼女と同じくらい速く</u>走る。

He runs <u>as fast as</u> she does.

① 彼女は<u>美しい</u>。

She is <u>beautiful</u>.

② 彼女の<u>方が美しい</u>。

She is <u>more beautiful</u>.

③ 彼女は<u>一番美しい</u>。

She is <u>the most beautiful</u>.

④ 彼女は<u>私と同じくらい美しい</u>。

She is <u>as beautiful as</u> I am.

▶「どちらの方が好きですか。」と聞くときは？

「どちらが○○ですか？」というのは，とてもよく使いますね。
答え方とセットで覚えてしまいましょう。

- **Which do you like better, A or B** ？
  （A と B どちらが好きですか。）
  ▶ **I like A better.** （〔私は〕A が好きです。A です。）

- **Who runs faster, Tony or Judy?**
  （トニーとジュディーどちらが速く走りますか。）
  ▶ **Tony does.** （トニーです。）

- **Which do you like better, English or music?**
  （あなたは英語と音楽では，どちらが好きですか。）
  ▶ **I like English better.** （英語の方が好きです。）

ほかに比較の表現でよく使うものはありますか？

「私は○○ほど〜ではない」というときも、比較を使いますよ。
「私」と「相手」を比べていますからね。

いろいろないい方がありますので，見てみましょう。

> 私は彼ほどせが高くない。
> - I am not as tall as he is.
> - I am not so tall as he is.
> - I am not taller than he is.
> - I am less tall than he is.
> - I am shorter than he is.
> - He is taller than I am.

　否定文の中で **as ~ as** を使うときは，1つめの **as** を **so** にすることがあります。

　not ~ er は **less** におきかえることができます。

Q。次の日本語を英語に直してください。

私は彼女ほど速く走ることができません。(5種類)

5種類のうち She からはじめる文は1つです。「一番上手に」は best です。well の最上級は best になります。

今日の
長沢先生

私は中学生の頃に将来は本を書きたいと思うようになりました。なぜかというと「かけ算をあん算する方法」を思いついたからです。はじめて出したいと思ったのは、英語ではなく算数の本だったのです。

Q 答え　I can't run as fast as she can.
　　　　I can't run so fast as she can.
　　　　I can't run faster than she can.
　　　　I can run less fast than she can.
　　　　She can run faster than I can.

16 未来の不定詞とすでにしている動名詞

不定詞は to ＋動詞で「〜すること」「〜するために」
「〜するための」をあらわします。動名詞は動詞の
ing形で，すでにしていることをあらわします。

よくあるまちがい

私は東京へ行くことが好きです。

⭕ I like to go to Tokyo.

❌ I like go to Tokyo.

▶不定詞とは何？

ここでは不定詞と呼ばれることばの勉強をしてみたいと思います。
不定詞というのは英語でいうと **to ＋動詞の原形**のことです。

それでは不定詞の使い方について，前置詞の使い方を思い出しな
がら考えてみたいと思います。

❶ 私はカメラを買いに東京へ行った。

上の文を 2 つのパターンを使って英語にします。

「英語はことばのキャッチボールだ」の法則でだいたいの置き方を
きめる

<u>私は行った</u>〈どこへ〉<u>東京へ</u>〈何のために〉<u>買うために</u>〈何を〉<u>カメラ</u>
  ❶   **❷**   **❸**   **❹**

次に前置詞と不定詞を入れて英語にしていく

❶ 私は行った **I went**

❷ 東京へ **to Tokyo**

❸ 買うために **to buy**

❹ カメラ **a camera.**

<u>前置詞</u>の **to** は名詞の前に置き，
<u>不定詞</u>の **to** は動詞の前に置くと
いうルールを使って英語にしてく
ださい。

私はカメラを買いに東京へ行った。

日本語でこの文の内容を，「私」からはじまる文で 2 つ作る

私は<u>東京</u>へ行った。   私はカメラを買う。

I went + **to Tokyo.**   **I buy** + **a camera.**

「私」が 2 つあるので 2 つめの「私」を **to** にかえる

I went to Tokyo to buy a camera.

to は「～へ」という意味だけだと思っていましたが，ほかにも意味があるのですか？

to は前置詞の場合は「～へ，～に」という意味で使います。

そして名詞の前に置くという意味なので名詞といっしょにでてきます。

同じように動詞の前に **to** を置く場合があります。

これを不定詞と呼んでいます。

そしてこの不定詞の **to** は大きくわけて 3 つの意味をもっています。

> ❶ ～すること（名詞的用法）
> ❷ ～するために，～して（副詞的用法）
> ❸ ～するための，～すべき（形容詞的用法）

「私はカメラを買いに東京へ行った。」の場合は「～するために」の意味なので，❷ ですね。

では，次の例をみてみましょう。

❶ 私は東京へ行くことが好きです。

この文を英語にします。

「英語はことばのキャッチボールだ」の法則を使う

私は好きです〈何をすることが〉行くことが〈どこへ〉東京へ

次に前置詞と，不定詞の意味を考えて英語にしていく

私は好きです　**I like**
行くことが　**to go**
東京へ　**to Tokyo.**

「だれがどうする」をまず書きます。前置詞は名詞の前に置き，不定詞は動詞の前に置くという考え方を使って英語にしていきます。

➡️ **I like to go to Tokyo.**

❷ 私は読むための本がほしい。

「英語はことばのキャッチボールだ」の法則を使う

私はほしい〈何が〉本〈何をするための〉読むための

不定詞の意味を考えながら英語にしていく

私はほしい　**I want**
1さつの本　**a book**
読むための　**to read.**

「だれがどうする」をまず置き，不定詞は動詞の前に to を置くというルールを使って英語にしていきます。

➡️ **I want a book to read.**

不定詞の to と前置詞の to が同じ文に出てくる時は，動詞の前か名詞の前かで判断できるのですね。

はい。前置詞の **to（～へ）** も不定詞の **to（～するために，～するための，～すること）** も置く場所がちがうだけで，**まったく同じ使い方**をします。

前置詞とは**名詞の前に置くことば**ということ，そして不定詞は**動詞の前に置く**ということを覚えておきましょう。

不定詞の 3 種類の使い方に，名詞的用法，副詞的用法，形容詞的用法という呼び方があるみたいですが，これはどういう意味なのでしょうか？

この名前は，使い方をあらわしています。

名詞的用法

まず名詞にはどんなものがあるでしょうか？
「テニス」とか「コスモス」とか「走ること」とか〈それは何だ〉という疑問に答えられるものです。

形容詞的用法

形容詞は，たとえば「あのイヌ」を〈どんなイヌかな〉と思ったときに「あの**大きい**イヌ」というように，「あのイヌ」の形やようすをもっとくわしく説明したいときに使うことばです。

名詞はものの名前，形容詞はものの説明ですね。

そうなんです。では，最後に副詞について考えてみましょう。

副詞的用法

学校では動詞にかかっているものを副詞だと教えているようです。
たとえば「**速く走る**」や「**上手に泳ぐ**」のような感じのことばを
副詞と呼んでいるのです。

私は副詞とはずばり**付け加え**，べつの表現でいうと**おかず**または
おまけだと教えています。

たとえば「私は速く走ることができる。」
この文の**付け加え**のことばはどれでしょうか？

「速く」でしょうか？

その通りです。

なぜかといいますと「私は速く走ることができる。」の中で，**その単語がなくても意味がわかるもの**をさがせばよいわけです。

さっきの文から「速く」を抜いて，「私は走ることができる。」
I can run. としても意味がわかります。

それに**付け加え**の「速く」で，**fast** が副詞になるわけです。

だから **I can run fast.** という文では，頭から文を読んでいくと **I can run.** で意味がとれてしまい，残ったものを副詞（おまけ，おかず）といいます。

ちなみに，副詞的用法には「**〜するために**」という目的をあらわすものと，「**〜して**」という理由をあらわすものがあります。

① 私はその本を読むために学校へ行く。　目的

私は行く〈どこへ〉学校へ〈何するために〉読むために〈何を〉その本を
I go ＋ **to school** ＋ **to read** ＋ **the book.**

② 私はその本を読めてうれしい。　理由

私はうれしい〈何して〉読めて〈何を〉その本
I am happy ＋ **to read** ＋ **the book.**

さて，名詞的用法，副詞的用法，形容詞的用法を見分けるためにはどうすればよいでしょうか？

コツさえ知っていればだれでもすぐに区別ができるようになりますよ。

長沢式不定詞の用法をピタリとあてる方法

名詞的用法 ▶ 例 I want **to study**. （私は勉強したい。）

I want **money**. （私はお金がほしい。）

to + **動詞**のところがテニスとかお金とかあの少女のような**ほかの名詞にいれかえても**意味が成り立つ時。

副詞的用法 ▶ 例 I am happy to see you.

I am happy.　I see you.

（私はあなたに会えてうれしい。）

このように 2 つの完全な文にわけられる時。または **to の前まで**で意味が完全にわかる時。

形容詞的用法 ▶ 例 I have a book to read.

（私は読むための本をもっている。）

I have **a book**.　I read **a book**.

このようにどちらの文も動詞の次に同じ名詞がつく時。

次の英語の文の中の不定詞のところに＿＿が引いてあります。その＿＿を引いてある所は不定詞の何的用法にあたるでしょうか？

(1) **I am happy <u>to see you</u>.**

(2) **I want <u>to read this book</u>.**

(3) **I want a book <u>to read</u>.**

 I want to は「私は〜したい」と覚えてしまってくださいね。

▶ I want to はどうして「私は〜したい」になるのですか？

カンタンな文で考えてみましょう。

I want <u>to play</u>.（私は遊びたい。）

これは，**to play** を「お金」などの名詞でおきかえることができるので，名詞的用法ですね。

Q 答え (1) 副詞的用法（I am happy. I see you. で完全な文ができる）
(2) 名詞的用法（to read this book のところを「お金」などの名詞でおきかえることができるので名詞的用法。）
(3) 形容詞的用法（I want a book, I read a book のように動詞の次に同じ名詞がきているので形容詞的用法。）

218

名詞的用法は「**〜すること**」という意味で，**play** は「遊ぶ」，**to play** は「遊ぶこと」つまり「遊び」となります。

私はほしい〈何が〉遊び

となって，日本語では「遊びがほしい」とはいわないので，「遊びたい」となるわけです。

　ほかにもよく使う **to** 不定詞の表現があるので，まとめて紹介します。

- 私は何か読みたい。

  I <u>want to read</u> something.

- 私は何か読むものがほしい。

  I want <u>something to read</u>.

- 私は何かつめたいものが飲みたい。

  I want to drink something cold.

- 私は何かつめたい飲み物がほしい。

  I want <u>something cold to drink</u>.

- 私は何も食べるものがない。

  ① I don't have <u>anything</u> to eat.

  ② I have <u>nothing</u> to eat.

- **how to study** 勉強の方法，どうやって勉強するべきか（ということ）
- **where to study** どこで勉強するべきか（ということ）
- **when to study** いつ勉強するべきか（ということ）
- **what to study** 何を勉強するべきか（ということ）

この4つはよく使われる名詞的用法の形です。

「私はどのように勉強するべきか知っている。」

I know how to study.

I know ＋ how I（should）study.

I が2つあるので，2つめの **I** を **to** に変えたものが **how to study** です。

to ＋動詞が名詞のうしろにきている時は，形容詞的用法の不定詞で，前の名詞の説明かもしれないと思ってください。

名詞		to ＋動詞
a book（本） **something**（何か）	＋	**to read**（読むための） **to eat**（食べるための）

Ｑ。次の日本語を＿＿＿＿のところに注意して英語にしてください。

(1) 私は<u>何かつめたい食べ物</u>がほしい。

(2) 私は<u>どうやって勉強するべきか</u>わからない。

I want to は「私は〜したい」と覚えてしまってくださいね。

▶動名詞とは何？

もともと動詞であったものに，**ing をつけて**名詞のはたらきにしたものが動名詞です。

to + 動詞〈不定詞の名詞的用法〉＝ 動詞の +ing 形〈動名詞〉

どうやって使い分けるのですか？

動詞によってちがいます。

ルールがあるので覚えましょう。

Q 答え (1) I want something cold to eat.
　　　(2) I don't know how to study.

ルール1	未来をあらわすもの ➡ to+ 動詞
ルール2	すでにしているものをあらわすとき ➡ 動詞の ing 形
ルール3	to+ 動詞と動詞の ing 形，どちらでも OK なものがある
ルール4	前置詞の次にくるとき ➡ 動詞の ing 形
ルール5	かならず ing 形 ➡ finish ～ ing（～しおえる）

stop ～ ing（～するのをやめる）

enjoy ～ ing（～するのを楽しむ）

この 3 つは，すでにしていることを「おえる」「やめる」「楽しむ」となるので必ず動詞の **ing** 形になります。

❶ 私は泳ぐのが好きです。

Ⓐ I like <u>to swim</u>.

Ⓑ I like <u>swimming</u>.

swim は Ⓐ，Ⓑ どちらでも OK です。

Ⓒ I am fond of <u>swimming</u>.

Ⓒ は前置詞の次にくるので動詞の **ing** 形になります。

❷ I want <u>to become</u> a teacher.（私は先生になりたい。）

My dream is <u>to be</u> a teacher.（私の夢は先生になることです。）

どちらもこれから先のことなので，**to** +動詞の形になります。

❸ 私のしゅみはテニスをすることです。

My hobby is playing tennis.

　今までにテニスをしていて，それがしゅみになっているから動詞の **ing** 形になります。

 次の日本語を英語にしてください。

　(1)　私のしゅみは泳ぐことです。

　(2)　私はこの本を読みおえました。

 「読みおえた」ので finished は過去のことです。

今日の
長沢先生

私は住んでいる丹波篠山には篠山城があります。
一見シンプルに見えますが，日本で唯一現存している「土塁の馬出」があります。最大幅45mの外堀との二段がまえで，とても守りのかたい城です。

Q 答え（1）My hobby is swimming.
　　　（2）I finished reading this book.

17 〈かたまり〉で長い文を作る

名詞と代名詞を使って2つの文を1つにすることができるのが代名詞です。ものは which，人は who，that どちらも使えます。

よくあるまちがい

私は英語を話す友だちがいます。

⭕ I have a friend who speaks English.

❌ I have a friend which speak English.

▶関係代名詞の文の作り方は？

　この関係代名詞ということばを聞いただけで，英語がニガテだった過去がよみがえる人もいるかもしれません。

　いよいよ最大の敵になるか，最大の強い味方になるかの一番大切な関係代名詞のところにさしかかってきました。

　ぜひとも，あなたの一番の得意分野にしていただけるように，私も全力をつくさせてもらいます。

　関係代名詞とは，とにかく**名詞と代名詞との深い関係**を使って，**2つの文**を**1つにするテクニック**なのです。

いったん覚えてしまうと関係代名詞がスルスルと作れるようになるでしょう。2パターンの作り方を紹介します。

〈パターン1〉

ステップ1 文の前半に出てくる名詞と，文の後半に出てくる代名詞が同じもの，または同じ人を意味するように線を引きます。

人の名前やお父さん，お母さんのような単語には線を引かないようにしてください。

① I have a friend.　He speaks English.
② The girl is Rika.　She is enjoying music.
③ The doctor is my father.　You know him.
④ I know a girl.　Her name is Rika.
⑤ I can see a school.　It stands on the hill.
⑥ Ms. Harada is a student.　I know her well.
⑦ This book is Rika's.　I have it.

ステップ2 そして次の公式を使って文を1つにします。

関係代名詞〈2つの文をくっつける〉公式
はじめから　せんからせんへ　右　左

右，左とは，**文の右がわ（後半）**，**文の左がわ（前半）** とい
う意味です。

この公式にしたがって文をならべれば，まずほとんどの問題
は頭を使わずにとくことができます。

〈関係代名詞の公式〉を使って 1 つの文にしましょう。

1 I have <u>a friend</u>. <u>He</u> speaks English.

  ▶公式を使って   <u>I have</u> <u>a friend</u> <u>he</u> <u>speaks English</u>
  　　　　　〈はじめから〉〈せん〉〈せん〉　　〈右〉

2 <u>The girl</u> is Rika. <u>She</u> is enjoying music.

  ▶公式を使って   <u>The girl</u> <u>she</u> <u>is enjoying music</u> <u>is Rika</u>
  　　　　　〈はじめから せん〉〈せん〉　　　〈右〉　　　　〈左〉

3 <u>The doctor</u> is my father. You know <u>him</u>.

  ▶公式を使って   <u>The doctor</u> <u>him</u> <u>you know</u> <u>is my father</u>
  　　　　　　〈はじめから せん〉〈せん〉　〈右〉　　　〈左〉

4 I know <u>a girl</u>. <u>Her</u> name is Rika.

  ▶公式を使って   <u>I know</u> <u>a girl</u> <u>her</u> <u>name is Rika</u>
  　　　　　〈はじめから〉〈せん〉〈せん〉　　〈右〉

5 I can see <u>a school</u>. <u>It</u> stands on the hill.

  ▶公式を使って   <u>I can see</u> <u>a school</u> <u>it</u> <u>stands on the hill</u>
  　　　　　〈はじめから〉　〈せん〉〈せん〉　　　〈右〉

6 Ms. Harada is <u>a student</u>. I know <u>her</u> well.

  ▶公式を使って   <u>Ms. Harada is</u> <u>a student</u> <u>her</u> <u>I know well</u>
  　　　　　　〈はじめから〉　　　〈せん〉〈せん〉　〈右〉

❼ This book is Rika's. I have **it**.

▸ 公式を使って　**This book it I have is Rika's**
　　　〈はじめから せん〉〈せん〉〈右〉　　〈左〉

ステップ3 最後に，代名詞を関係代名詞（**who, whose, whom/which, whose, which**）に入れかえます。

次の表を参考にしましょう。

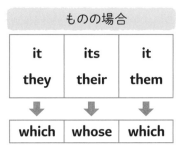

人の場合			ものの場合		
he she they	his her their	him her them	it they	its their	it them
↓	↓	↓	↓	↓	↓
who	whose	whom	which	whose	which

❶ I have a friend he speaks English

▸ **I have a friend who** speaks English.

❷ The girl she is enjoying music is Rika

▸ **The girl who** is enjoying music is Rika.

❸ The doctor him you know is my father.

▸ **The doctor whom** you know is my father.

4 I know <u>a girl</u> <u>her</u> name is Rika.

　▶ I know <u>a girl</u> <u>whose</u> name is Rika.

5 I can see <u>a school</u> <u>it</u> stands on the hill.

▶ I can see <u>a school</u> <u>which</u> stands on the hill.

6 Ms. Harada is <u>a student</u> <u>her</u> I know well.

　▶ Ms. Harada is <u>a student</u> <u>whom</u> I know well.

7 <u>This book</u> <u>it</u> I have is Rika's.

　▶ <u>This book</u> <u>which</u> I have is Rika's.

〈パターン 2〉

ステップ1 名詞と代名詞に線を引いて，〈2 つの文を 1 つにくっつける公式〉を使って 1 つにするところまでは同じです。

ステップ2 線を引いた代名詞のところを（　　）にしてください。

1 I have <u>a friend</u> <u>he</u> speaks English

　▶ I have <u>a friend</u> （　　） speaks English.

② <u>The girl</u> <u>she</u> is enjoying music is Rika

▶ **The girl** （　　　） **is enjoying music is Rika.**

③ <u>The doctor</u> <u>him</u> you know is my father

▶ **The doctor** （　　　） **you know is my father.**

④ I know <u>a girl</u> <u>her</u> name is Rika

▶ **I know** <u>**a girl**</u> （　　　） **name is Rika.**

⑤ I can see <u>a school</u> <u>it</u> stands on the hill

▶ **I can see** <u>**a school**</u> （　　　） **stands on the hill.**

⑥ Ms. Harada is <u>a student</u> <u>her</u> I know well

▶ **Ms. Harada is** <u>**a student**</u> （　　　） **I know well.**

⑦ <u>This book</u> <u>it</u> I have is Rika's

▶ **This book** （　　　） **I have is Rika's.**

（　　）に下の公式にそって関係代名詞を入れてください。

関係代名詞

〈人（　　）に関係代名詞を入れる〉公式

公式 1（　　）の前と後をつないで**ふつうの文なら**

➡ who

公式 2（　　）の前と後をつないで**文を作るのがむりなら**

➡ whom

公式 3（　　）の前と後が「**の**」の文でつながるなら

➡ whose

　公式の使い方を説明しますね。

公式 1　**a boy**（　　）**speaks English**

　　　a boy speaks English → **ふ**つうの文→ who

　　　▶ **a boy**（who）**speaks English**

公式 2　**the boy**（　　）**I know**

　　　the boy I know → 文を作るのが**む**り→ whom

　　　▶ **the boy**（whom）**I know**

公式 3　**a boy**（　　）**name is Tony**

　　　a boy **の** name is Tony →「**の**」の文になるので→ whose

　　　　▶ **a boy**（whose）**name is Tony**

230

さきほどの公式は（　　）の前が人の時に使える公式です。では，次に（　　）の前がものの場合の公式を見てみましょう。

関係代名詞

〈もの（　　）に関係代名詞を入れる〉公式

公式1 （　　）の前と後をつないで**ふつうの文になる場合も**
ならない場合も ➡ which

公式2 （　　）の前と後が「**の**」の文でつながるなら
➡ whose

公式1 <u>**that book**</u> （　　）<u>**I bought**</u>

　　that book I bought →ふつうの文にならない→ which

　　▶ **that book** （which） **I bought**

公式2 <u>**the book**</u> （　　）<u>**cover is red**</u>

　　<u>**the book**</u> **の** **cover is red** →「**の**」の文になるので→ whose

　　▶ <u>**the book**</u> （whose） <u>**cover is red**</u>

　パターン2で出てきた公式を使って（　　）に入る関係代名詞を考えてみましょう。

❶ I have <u>a friend</u> (　　) <u>speaks English</u>.

a friend speaks English → 〈人〉ふつうの文 → who

▶ I have a friend who speaks English.

❷ <u>The girl</u> (　　) <u>is enjoying music</u> is Rika.

The girl is enjoying music → 〈人〉ふつうの文 → who

▶ The girl who is enjoying music is Rika.

❸ <u>The doctor</u> (　　) <u>you know</u> is my father.

The doctor you know → 〈人〉文を作るのはむり → whom

▶ The doctor whom you know is my father.

❹ I know <u>a girl</u> (　　) <u>name is Rika</u>.

a girl の name is Rika → 〈人〉「の」の文 → whose

▶ I know a girl whose name is Rika.

❺ I can see <u>a school</u> (　　) <u>stands on the hill</u>.

a school stands on the hill → 〈もの〉ふつうの文 → which

▶ I can see a school which stands on the hill.

❻ Ms. Harada is <u>a student</u> (　　) <u>I know well</u>.

a student I know well → 〈人〉文を作るのはむり → whom

▶ Ms. Harada is a student whom I know well.

❼ <u>This book</u> (　　) <u>I have</u> **is Rika's.**

　This book I have → 〈もの〉文を作るのはむり→ which

　　▸ **This book which I have is Rika's.**

　この作り方さえわかれば，関係代名詞を省略する時もこわくありませんよ。

関係代名詞は省略できるのですか？

　はい。

　（　　）の前と後の関係を見て，文になっていない時の関係代名詞は省略できます。

　では，問題をといてみましょう。

次の（　　）の中に適当な関係代名詞を入れてください。
また，それが省略できるかどうかも確認してください。

(1)　**the boy**（　　）**can run fast**

(2)　**the boy**（　　）**is running fast**

(3)　**the boy**（　　）**hair is dark**

(4)　**the boy**（　　）**I like very much**

(5)　**that book**（　　）**I want**

I want to は「〜したい」と覚えてくださいね。

Q 答え (1) the boy（who）can run fast
　　　　the boy can run fast 〈人〉ふつうの文→ who
　　(2) the boy（who）is running fast
　　　　the boy is running fast 〈人〉ふつうの文→ who
　　(3) the boy（whose）hair is dark
　　　　the boy の hair is dark 〈人〉「の」の文→ whose
　　(4) the boy（whom）I like very much
　　　　the boy I like very much 〈人〉文を作るのがむり→ whom
　　　　省略できる
　　(5) that book（which）I want
　　　　that book I want 〈もの〉文を作るのがむり→ which
　　　　省略できる

▶関係代名詞の英語を日本語にする方法は？

　ここでは関係代名詞のはいった英語の文を日本語にする方法を勉強していきたいと思います。

　すべての英語は，私がよくいう「〈赤ちゃんの文〉と〈おとなの文〉の関係」ですべてが成り立っています。

もとになるカンタンな文があるってことですね。

　はい。どんなにむずかしそうに見えているものでも何かいいたいことがあって，それをまっさきにいって，もしも付け加えがあればあとから話をおぎなっていくような形になっています。

　だから，1つ意味のよくわかるかたまりがあるのに，そのうしろにまだ英語が続くようであれば，そのかたまりの説明がきているのにきまっているわけです。

　つまりもっとくわしくいいたいために**理由や目的**をのべたり，**いつ，どこで，だれとなどを付け加えてあったり**というようなことで文が長くなっているだけなのです。

長い文〈おとなの文〉も〈赤ちゃんの文〉がわかれば日本語にできるのですね。

　もちろんです。では，例を使って英語の文を日本語に直す方法をみていきましょう。

　まずは，英語のかたまりを（　）でかこむとわかりやすいですよ。

　完全な日本語にする必要はありません。1語1語の単語やかたまりの意味がわかればそれでよいのです。

　もしきちんとした文にしたければ，あとできれいな日本語にすればよいのですよ。

❶ I　have　(a friend　who　can't speak　English).
私 もっています 友だち 〈どんな友だち〉できない 話す 　　英語

　　私　もっています　友だち（英語を話せない）友だち
　➡ 私には（英語を話せない友だち）がいます。

❷ This　is (the fish　which　I　caught　yesterday).
これ です その魚 〈どんな魚〉私 つかまえた 　きのう

　　これです　その魚（私がきのうつかまえた）その魚
　➡ これが（私がきのうつかまえたその魚）です。

236

❸ I know（<u>a boy</u> whose name is Tony）.

私知っている　少年〈どんな少年〉名前　です　トニー

　私　知っている　少年（トニーという名前の）少年

➡ 私は（トニーという名前の少年）を知っています。

❹（<u>The teacher</u> whom you know）is my father.

その　先生　〈どんな先生〉君が 知っている です　私の父

その先生（君が知っている）その先生　です　私の父

➡（君が知っているその先生）は私の父です。

前から順に英語を日本語にしてから考えるのですね。

するどいですね。その通りです。
英語の文を**前から順番に**読んでいくようにしましょう。

そして，関係代名詞がでてきたら，**関係代名詞の前の名詞の説明になっている**わけですから，必ず〈<u>どんなものかな</u>〉という疑問をもってください。
まず，頭に関係代名詞の前の名詞をうかべてください。
そしてそれがどんなものなのかを再び頭にうかべてください。
そして最後に，「こんな状態のこんなもの」というように頭の中でまとめてください。

Q. 次の英語を日本語にしてください。日本語にする前に，名詞と関係代名詞をふくむかたまりを（　　）でくくってから日本語にしてください。

(1) **I have a friend whose father is a teacher.**

(2) **The dictionary which you used is mine.**

the dictionary は「その辞書」です。

▶関係代名詞の日本語を英語にする方法は？

　まず，「どんな時に，関係代名詞を使うのかわからないからこの本を買ったんだ。」という人も多いのではないかと思います。

　「だいたいこの日本語を英語に直す時には関係代名詞が必要なんだ。」といいきることができるような人の場合には，まずこの本をお読みになる必要はないでしょう。

　関係代名詞の "か" の字も知らないような人にもわかってもらえるように，いっしょうけんめい説明させていただきます。しっかりついてきてください。

Q 答え (1) 私にはお父さんが先生の友だちがいます。
　　　 I have (a friend whose father is a teacher.)
　　　 私はもっている + （お父さんが先生の友だち）
　　(2) 君が使ったその辞書は私のものです。
　　　 (The dictionary which you used) is mine.
　　　 （君が使ったその辞書）+ です　私のもの

どんな日本文を英語に直す時に関係代名詞を使う必要が
あるのですか？

名詞の説明が**長いかたまりになっている時**です。

もっとわかりやすくいうと次の表のようになります。

かたまりの文	単語の数	関係代名詞が必要かどうか
あの　少年 1　　2 **that boy**	2 語	×
あの　走っている　少年 1　　2　　　　3 (1)**that running boy** ▶ふつうに単語をならべるだけ (2)**that boy who is running** ▶文を作って **who** を入れる	3 語	(1)省略なので△ (2)○
英語を　話している　あの　少年 1　　2　　　　3　　4 (1)**that boy who is speaking English** ▶文を作って **who** を入れる (2)**that boy speaking English** ▶ **who is** を省略できる	4 語	(1)○ (2)省略なので△
英語を　話すことの　できる　あの　少年 1　　2　　　　3　　4　　5 **that boy who can speak English** ▶ **be** 動詞が入っていない	5 語	○

表を見てもらえればわかっていただけたと思いますが，日本語の単語の数が2語の場合は，関係代名詞がはいることはぜったいありません。

　日本語の単語の数が**3語以上になる時**には，関係代名詞を使って英語にできる場合が多くなってきます。

3語以上の時は気をつければよいのですね。

　はい。1つのかたまりを作っている日本語の単語の数が多ければ多いほど，関係代名詞を使う必要がでてくるわけです。

　be動詞が出てこないのに長くなっているかたまりの場合は，とくに関係代名詞ぬきでは英語に直せない場合が多いようです。

　それでは，私が日本文を英語に直しながらゆっくり説明していきますので，関係代名詞の使い方を覚えていってくださいね。

❶ 次の文を関係代名詞の **who** を使って英語にします。

黒いかみの毛をしているあの少年はトニーです。

〈赤ちゃんの文〉あの少年はトニーです。

That boy is Tony.
　　　1　　　2　　3

この〈赤ちゃんの文〉が一番大切な文になります。

240

次に「あの少年」の説明をしているところを（　）でくくります。

（黒いかみの毛をしている）あの少年は **is** **Tony**
　　　　　　　1　　　　　　　　　　　2　　3

⬇

あの少年は（黒いかみの毛を　している）
　1'　　　　　　　3'　　　　　2'

That boy（**has** **dark hair**）.
　1'　　　　2'　　　3'

このままでは**文**なので，〈**かたまり**〉に
するために関係代名詞 **who** を使います。

That boy（**who has dark hair**）**is** **Tony**.
　　　　1　　　　　　　　　　　　3　　2

赤ちゃんの文と（　　）を使って考えると，複雑に見え
ても，実はカンタンな文どうしがくっついているだけだ
ということがわかりますね。

　はい。どんなに長い文章も順番にていねいに考えていけば，まち
がえずに英語にできますよ。

　ちなみに，自分で作った英語が正しいかどうかを確認したい時は，
自分の英文をもとの日本語に直してみます。
　もし正しい英語になっていれば，もとの日本語と同じになるはず
だからです。

<u>That boy</u>　　who　　　has　　　<u>dark hair</u>　is　<u>Tony</u>.
あの少年　〈どんな少年〉している　黒いかみの毛　です　トニー

「（黒いかみの毛をしている）あの少年はトニーです。」となり，
この英語の文は正しいということになります。

日本語→英語→日本語と作れば，まちがえないのですね。

❷ whose を使って，次の日本語を英語に直してください。
　黒いかみの毛をしているあの少年はトニーです。

〈赤ちゃんの文〉あの少年はトニーです。

<u>That boy</u> is <u>Tony</u>.
　　　　1　　　2　　3

次に「あの少年」の説明をしているところを（　）でくくります。

<u>（黒いかみの毛をしている）あの少年は</u>　<u>is</u>　<u>Tony</u>.
　　　　　　　1　　　　　　　　　　　　　　　2　　3

whose を使うためには「の」の文にする必要があります。

<u>あの少年（の かみの毛は黒い）</u>　※黒いかみの毛をしている＝かみの毛
　1'　　2'　　　　3'　　　　　　　　が黒い

<u>That boy</u> (<u>'s hair is dark</u>)
　　1'　　　　2'　　　3'

242

このままでは文なので〈かたまり〉にするために関係代名詞 whose
を使います。

That boy (whose hair is dark) is Tony.
$\quad\quad\quad$ 1 $\quad\quad\quad\quad\quad\quad\quad\quad$ 2 $\quad$ 3

これを日本語に直してみます。

That boy whose hair is dark is Tony.
あの少年〈どんな少年〉かみの毛が黒いです　トニー

「（かみの毛が黒い＝黒いかみの毛をしている）あの少年はトニー
です。」となるので，この英語の文は正しいということになります。

❸ 私が助けたその少年はトニーです。

とき方1

〈赤ちゃんの文〉その少年はトニーです。

That boy is Tony.
$\quad\quad\quad$ 1 $\quad\quad$ 2 $\quad$ 3

次に「その少年」の説明をしているところを（　　）でくくります。

（私が助けた）その少年は　　**is Tony.**
$\quad\quad\quad\quad$ 1 $\quad\quad\quad\quad\quad\quad\quad\quad$ 2 $\quad$ 3

その少年（私が 助けた）
1' $\quad\quad$ 2' $\quad$ 3'

The boy (I helped)
1' $\quad\quad$ 2' $\quad$ 3'

243

（　　）の前と後を見ると，文を作るのがむりだと
わかります。だから whom を使います。
また，文にならない時は省略することができます。

The boy (whom I helped) is Tony.
1　　　　　　　　　　　2　3

The boy (I helped) is Tony.
1　　　　　2　3

これを日本語に直してみます。

The boy （whom） I helped is Tony.
その少年〈どんな少年〉私が助けた ですトニー

「（私が助けた）その少年はトニーです。」となるので、この英語の
文は正しいということになります。

とき方2

「（私が助けた）その少年」の部分と**同じ意味の日本語**ができない
かどうかを考えてみます。

すると「（私によって助けられた）その少年」が同じ内容をあら
わすことができるということがわかります。

そして，その少年から始まる文が作れないかを考えます。

もし**文**ができれば，**who** を入れて〈かたまり〉にもどすという
テクニックを使うことができるからです。

その少年は私によって助けられた。	文
The boy was helped by me.	
（私によって助けられたその少年）	かたまり
Ⓐ **the boy who was helped by me**	
Ⓑ **the boy helped by me**	

解説 Ⓑの方は **be** 動詞がないので文にはならずかたまりになります。

私が助けたその少年はトニーです。

＝私によって助けられた少年はトニーです。

➡ (1) **The boy who was helped by me is Tony.**

   (2) **The boy helped by me is Tony.**

つまり **とき方1** で 2 種類，**とき方2** で 2 種類の合計 4 種類の英語が答えになります。

- 私が助けたその少年はトニーです。

  (1) **The boy whom I helped is Tony.**

  (2) **The boy I helped is Tony.**

- 私によって助けられたその少年はトニーです。

  (1) **The boy who was helped by me is Tony.**

  (2) **The boy helped by me is Tony.**

同じ意味をあらわす日本語を作って英語に直せば，英語もおたがいに同じ意味をあらわすことができるのですね。

はい，そこが書きかえのポイントです。

Q. 次の日本語を英語にしてください。

(1) 私は日本で作られたあの時計がほしい。（2種類）

(2) 私は悟朗さんによって助けられたあの少女を知っています。（2種類）

「あの時計」は that watch です。

〈文〉なのか，〈かたまり〉なのかをみわけるのがなかなかむずかしいですね……

そうですね。

たとえば（1）の **that watch** のうしろに **made** がきていると，

Q 答え (1) I want that watch which was made in Japan.
　　　 I want that watch made in Japan.
　　 (2) I know that girl who was helped by Goro.
　　　 I know that girl helped by Goro.

<u>文</u>だと思う人がかなりいらっしゃるでしょう。しかし、「<u>あの時計が作った</u>」という日本語はおかしいわけです。

つまり、「<u>あの時計は作られた</u>」という受け身が正しい日本語になるでしょう。

ところが、「<u>作られた</u>」であれば、**was** がなければそういう意味にはなりません。ということは、〈文〉ではなくて〈**かたまり**〉なのです。

文とかたまりは、次の法則で判断するとよいですよ。

be +過去分詞形+ by	➡ 受け身の文
過去分詞形+ by	➡ 受け身のかたまり
be +動詞 ing	➡ 進行形の文
動詞の ing	➡ 進行形のかたまり

主語の次に **be** 動詞がある文のはずなのに、**be** 動詞がない時、〈どんな〜〉のような疑問が生まれるので、かたまりになるのです。

今日の
長沢先生

丹波篠山にはデカンショ節という歌があります。
これは、デカルト、カント、ショーペンハウアーの文字をとって
デカンショと名付けた節があるんですよ。

18 6つの「I know ＋ ○○」

間接疑問文とは〈ふつうの文〉の中に〈疑問〉が入りこんでいる文のことです。疑問詞＋主語＋動詞の順になります。

よくあるまちがい

私はあなたが何才か知っています。

⭕ **I know how old you are.**

❌ **I know how old are you.**

▶間接疑問文とは？

では文をとおして私といっしょに考えてみてください。英語では必ず「何がどうする」「何がどうした」のように，はっきりとものをいうことが特色となっています。たとえば，次のようになります。

> ### パターン1
>
> 　　　　　私は知っている 〈何を〉 あの少年を
> 　　　　　**I know** 　　＋　　 **that boy.**

パターン2

私は知っている 〈何を〉 泳ぐ方法（泳ぎ方）を
I know + **how to swim.**

パターン3

私は知っている 〈何を〉 彼が先生である（ということを）
I know + (**that**) **he is a teacher.**

パターン4

私は知っている 〈何を〉 彼が先生である（かどうかということを）
I know + (**if**) **he is a teacher.**

パターン5

① 私は知っている 〈何を〉 何がそのつくえの上にあるかということを
I know + **what is on the desk.**

② 私は知っている 〈何を〉 だれが一番せが高いかということを
I know + **who is the tallest.**

③ 私は知っている 〈何を〉 だれがリカさんを好きかということを
I know + **who likes Rika.**

249

私は知っている 〈何を〉 だれ**が**彼女を助けたかということを
I know ＋ **who helped her.**

I know のうしろに what などをくっつけることもできるのですね。

その通りです。

私は知っている 〈何を〉

に対して，うしろに答えの文を置くことができるパターンは，基本的な形として6つあります。

パターン1～4の that（～ということ），if（～かどうかということ），how to ＋動詞（～の仕方）のように，単語や熟語的な〈かたまり〉として，知らないと英語に直せない場合と，パターン5，6のように〈**が**のパターン〉と私が呼んでいる**疑問詞のついた疑問文**のパターンがあります。

以上のものはただたんに，**I know ＋ 〈何を〉** という疑問に対して，ふつうに英語を組みたてて〈何を〉の部分に置くだけで1つの正しい文ができるパターンなのです。

I know のうしろに文をおく時は，〈かたまり〉にしなければいけ

ません。〈文〉と〈かたまり〉のちがいを確認しておきましょう。

What is on the desk? 何がそのつくえの上にありますか?	〈文〉	完全な文章
what is on the desk 何がそのつくえの上にあるかということ	〈かたまり〉	文の途中にはいる
Who is the tallest? だれが一番せが高いですか?	〈文〉	完全な文章
who is the tallest だれが一番せが高いかということ	〈かたまり〉	文の途中にはいる
Who likes Rika? だれがリカさんを好きですか?	〈文〉	完全な文章
who likes Rika だれがリカさんを好きかということ	〈かたまり〉	文の途中にはいる

　疑問詞（**who**, **what** など）からはじまって，「〜が〜ということ」という意味になるものは，直接相手に疑問を投げかけているのではなく，**間接的に疑問を相手や自分に対して投げかけている**ので，間接疑問文と呼びます。

　I know ＋ **what is on the desk.** は「何がつくえの上にありますか？」と，直接相手や自分にものをたずねる文の形ではないですよね。

▶ 日本語を英語にする方法は（間接疑問文）？

　ここからが，注意をしないとまちがえる間接疑問文の勉強です。

　間接疑問文なので，「〜ですか？」のような直接疑問文とわかる形はぜったいにありえません。

　そのため，「〜ですか？」のような意味を文の中にかくして，間接的にそのような内容をあらわさなければなりません。

　つまり，文の中の「〜ですか？」の意味にあたる部分が，疑問文の形をしていることはぜったいにないということです。

　疑問文の形をしていないということは，ふつうの文の形をしているということになります。

❶ 私は君が何をもっているか知っています。

私は知っています 〈何を〉 君が何をもっているかということを

　　I know　　　　　＋　　　　　**what** ＋ **you have.**

➡ **I know what you have.**

❷ 私は彼がどこに住んでいるか知っています。

私は知っています 〈何を〉 彼がどこに住んでいるかということを

　　I know　　　　　＋　　　　　**where** ＋ **he lives.**

➡ **I know where he lives.**

❸ 私はあなたが何才か知っています。

私は知っています 〈何を〉 あなたが何才かということを

I know + **how old** + **you are.**

➡️ **I know how old you are.**

❹ 私は彼の名前が何か知っています。

私は知っています 〈何を〉 彼の名前が何かということを

I know + **what** + **his name is.**

➡️ **I know what his name is.**

❺ あなたは彼が何をもっているか知っていますか。

あなたは知っていますか 〈何を〉 彼が何をもっているかということを

Do you know + **what** + **he has?**

➡️ **Do you know what he has?**

❻ 私はこの本がだれのものかということを知っています。

私は知っています + この本がだれのものかということを

I know + **whose** + **this book is.**

➡️ **I know whose this book is.**

ここで，文を組み立てるときのパターンを紹介します。

Ⓐ 私は彼が何をもっているかを知っています。

私は知っています 〈何を〉 彼が何をもっているかということを

I know + **what** + **he has.**

Ⓑ 私は彼が何才か知っています。

私は知っています 〈何を〉 彼が何才かということを

I know + **how old** + **he is.**

Ⓐのパターンは，後半の文が〈疑問詞＋彼＋もっている〉となりⒷのパターンは，〈疑問詞＋彼＋ ? 〉となっています。

つまり，Ⓑのパターンの場合は〈疑問詞＋ **he** ＋ ? 〉となりますが，**he** のうしろに入れる動詞が日本文にはありません。そういう時にはいつも「です」にあたる適当なものを入れましょう。

❶ 私はあなたの名前が何か知っています。

私は知っています 〈何を〉 あなたの名前は何か

I know + **what** + **your name is.**

❷ 私はあなたがだれか知りません。

私は知りません 〈何を〉 あなたがだれか
I don't know + **who** + **you are**.

　では，次に疑問詞を使って２つの文をくっつける方法を教えます。
　次の英語の〈かたまり〉または〈文〉を１つの文にしていきましょう。

❶ **I know** + **He is a teacher.**
❷ **I know** + **Is he a teacher?**
❸ **I know** + **What does he have?**
❹ **I know** + **Where does he live?**
❺ **I know** + **How old are you?**
❻ **I know** + **What is your name?**
❼ **I know** + **What is on the desk?**
❽ **I know** + **Who likes Rika?**
❾ **I know** + **Whose book is this?**

　すべて「**I know** + 〈何を〉 <u>～ということを</u>」という形になります。

　〈何を〉という疑問に対して置くので，文の途中に<u>疑問文</u>の形が入ってくるということはけっしてありません。

　つまり，文の途中にくる場合は，<u>ふつうの文の形</u>がいつもく

るということがわかります。

① I know ＋ He is a teacher.

I know ＋ <u>that he is a teacher</u>.

➡️ <u>I know that he is a teacher.</u>

② I know ＋ Is he a teacher?

I know ＋ <u>if he is a teacher</u>.

➡️ <u>I know if he is a teacher.</u>

① と **②** でくっつけかたがちがいますね。

はい。

① と **②** を比較すると，**①** は始めからふつうの<u>文</u>なのでそれを利用します。

ただし，**I know** ＋〈何を〉に対する1つの〈かたまり〉を置かなければならないので，**that**（～ということを）をつけて，(**that**) **he is a teacher**〈彼が先生である（ということを）〉とします。

② は疑問文なので，ふつうの文の形にする必要があります。

そして **if**（～かどうか）を入れ (**if**) **he is a teacher**〈彼が先生（かどうかということ）〉とします。

❸ I know + **What does he have?**

I know + <u>what</u> + <u>he has</u>.

➡ <u>I know what he has.</u>

❹ I know + **Where does he live?**

I know + <u>where</u> + <u>he lives</u>.

➡ I know where he lives.

❺ I know + **How old are you?**

I know + <u>how old</u> + <u>you are</u>.

➡ <u>I know how old you are.</u>

❻ I know + **What is your name?**

I know + <u>what</u> + <u>your name is</u>.

➡ <u>I know what your name is.</u>

❼ I know + **What is on the desk?**

この文の場合は，「**が**」のパターンになっているのでこのままで OK。

➡ <u>I know what is on the desk.</u>

❽ I know + **Who likes Rika?**

この文も，「**が**」のパターンになっているのでこのままで OK。

➡ <u>I know who likes Rika.</u>

❾ I know + <u>Whose book is this?</u>

I know + <u>whose book</u> + this is.

➡ **<u>I know whose book this is.</u>**

とにかく疑問詞をまず見つけてください。そして，ふつうの文の形をくっつけてください。「が」のパターンの時はそのままくっつけてください。

Q。 次の英語を1つの文にしてください。そして日本語に直してください。

(1) **I know + Is he a teacher?**

(2) **I know + What is your name?**

 Is he a teacher? は「彼が先生かどうか」をたずねています。

今日の
長沢先生

さて，これにてコラムコーナーも最後になりました。
ここまでよく頑張りましたね！
この本には，私に直接質問できる質問券がついていますから，この本でわからないことがあったら，ぜひ送ってくださいね。

Q 答え (1) I know if he is a teacher.
　　　　 （私は彼が先生かどうかを知っています。）
　　　 (2) I know what your name is.
　　　　 （私はあなたの名前が何というか知っています。）

本当にあった英語のお悩み質問集

質問

日本語を英語に直しなさい。という問題が出た場合に注意すべきことは何ですか？

答え

　私の聞いてほしかったことを聞いていただきました。自分の力ではとくことができないような決まり文句がでてきた時は，必ず**自分が一番自信のある単語と文法を使って，その決まり文句に一番近い日本語を英語に直す**ようにしましょう。

　たとえば，「彼は上手なピアニストです。」を英語にしなさい。という問題が出たとします。

　あなたはピアニストのつづりを知らないとします。このままでは0点になってしまいます。

　そこで，「彼は上手なピアニストです。」の意味と同じになるような日本語はないのかということ考えなければなりません。

　考えればほとんどの場合は，必ず同じ意味をあらわす日本語があります。つまり，どんな問題が出ても，満点はとれないとしても満点の8割ぐらい，うまくいくと満点も夢ではないということになります。

英作文については，文法的に正しくて同じ意味の内容をカンペキにあらわしていると満点をもらえることも多いからです。つまり，さっきの問題のとき方を考えればよいということになります。

彼は上手なピアニストです。〈もとの文〉
彼は上手にピアノをひける。〈同じ意味の日本語〉

　つまり，**He can play the piano well.** というように英語に直せば文法的にカンペキで，しかもいいたいことが相手に伝われば満点がもらえるというわけです。

　ちなみに，**He is a good pianist.** が先生が予想された答えになります。

　しかし，**He can play the piano well.** でも満点なのです。ただし，中学校の先生の中には，わざわざ<u>ピアニスト</u>と書いてあるのだから**pianist** を使わないと点を引く先生もあるかもしれません。とにかく，０点をとってしまいそうな時にはこのやり方を使って少しでもたくさんの点を取りましょう。

ぼくは，長文の問題が出るとさっぱり点が取れ
ません。どうすればよいでしょうか？

 答え

文法は完全にわかっていますか？**単語**はしっかり覚えているので
しょうか？**熟語**をどれくらい知っていますか？以上の３つの中で，
自分で考えてみて弱い所はないでしょうか？

　長文といっても，単文（短い文）の集まりだということを忘れて
はいけません。たぶん長文で点が取れないのは，**知らない単語の数
が多すぎる**ためだろうと思います。まずは単語をできるかぎり覚え
直さなければいけません。

　それから文法については，基本的な文の型を，これもまたできる
かぎり覚えこまなければならないでしょう。

　私が今いっている文のパターンとは，**yet** が **?** といっしょに使わ
れるとどういう意味になるか，**not** と **yet** をいっしょに使うとどう
いう意味になるかなど，決まり文句に使われている文のパターンの
ことです。

　もしもあなたが覚えるものに関してはカンペキだといいきる自信
があるならば，長文の読み方のコツを知らないからかもしれません。

❶ 英語の文を**前から，前から読む練習**をしてください。

そして，〈かたまり〉〈かたまり〉で意味をまとめながら読みましょう。つまり，意味が切れているなあと思ったら，その場所に**／のような印**をつけながら読みましょう。

❷ あなたの常識をできるだけ活用しましょう。

日本語で考えてみておかしいなと思うような時は，ずばりいってその訳した日本語が，もとの英語の文とまったくちがう意味になってしまっていると思ってください。

もしどうしても日本語に直せないような時は，**前後関係から考えてみて，どんな日本語だったら意味がよくわかるか**考えてみましょう。

❸ 長文の問題をとく時には，まず**問題文を先に読んでから長文を読む**ようにしてください。

❹ 「6つぐらいの中から長文の内容と同じものを3つ選びなさい。」のような問題が出た時は，**もとの長文がまず何行ぐらいあるのかを見てから，それを3でわってください。**

だいたいこのあたりまでが1つ目の段落だろうなというように考えながら，番号の若いものから，第1段落の数行の中からさがしましょう。

　私はリスニングの問題がとても弱いのですが，
どういう勉強をすればよいでしょうか？

答え

カンタンです。

　まずは，英語の音になれることです。

　それから，問題文を聞く時にはい，いいえで答えられるパターン
か，いつ，どこでなどのはい，いいえで答えられないパターンかを
完全に聞きとることが一番大切です。

〈はい，いいえパターンの場合〉

- **Are you ～ ?**　　　　Yes, I am.　　No, I am not.
- **Is he ～ ?**　　　　　Yes, he is.　　No, he isn't.
- **Is your father ～ ?**　Yes, he is.　　No, he isn't.
- **Does he ～ ?**　　　　Yes, he does.　　No, he doesn't.
- **Did you ～ ?**　　　　Yes, I did.　　No, I didn't.
- **Can he ～ ?**　　　　Yes, he can.　　No, he can't.

のようになるということを頭に入れておかなければなりません。

〈いつ，どこでのようなパターン〉

当然いつならば答えは時間

どこならば答えは場所

<u>何人</u>ならば答えは<u>数字</u>

のようになることは決まっているわけです。

つまり，問題文を読んでいる時に，<u>時間</u>，<u>場所</u>，<u>数字</u>，<u>登場人物</u>などを書きとりながら聞くようにしましょう。

それから，とくに**登場人物は紙にイニシャル**，長沢なら N のように書いておきましょう。

そして，何人かの登場人物が 1 つのことをテーマにして話している時は，N ○ T ×のように，トニー（T は<u>しない</u>）長沢（N は<u>する</u>）のような自分流の記号を考えて書きとめるようにしましょう。

**そもそも英語の音を聞き取ることができません。
どうしたらよいでしょうか？**

カンタンな文を一回読んで，わかるように練習をすることが一番大切です。

自分の知らない単語や，知らないいいまわしや音の法則があるとぜったいに聞きとれません。

自分の英語を読む力をあげるのが，英語の音を聞き取れるようになるために，一番大事なことなのです。

Good <u>m</u>orning. を例にとって説明します。

ふつう英語は，前の文字とうしろの文字をどんどんくっつけて発音していくことが多いのです。

ところが，**Good morning.** の場合はそれができないのです。**d** と **m** はローマ字のようにくっつかないからです。

そういう時は前の **d** は読みません。

だから，**Good morning.** は，[グッドゥモーニング] と発音しないで [グッ・モーニン・] という感じに聞こえるはずです。

〈前とうしろがくっつく場合〉

get up は [ゲットゥアップ] とふつうは発音しますが，少し速く読むと [ゲタップ] となるのです。

つまり [ゲタップ] という感じになるからです。もっと速くなると，[ゲラップ] のように聞こえることもあります。

英語では，タ ティ トゥ テ ト がラ リ ル レ ロ に聞こえることもよくあることです。

〈弱く読むのがふつうの単語〉

at，to などの**前置詞は弱く読む**ことが多いようです。

him や **her，I，it** などの**代名詞も弱く読む**ことが多いのです。

だから，**like her** [らーィクハァ] が [らーィカァ] となったり，**like him** [らーィクヒム] が [らーィキム]，**get it** [ゲットゥイットゥ] が [ゲリッ・] のように聞こえることもあります。

	意味	例文
arrive in		I arrived in **Kobe.** 私は神戸に着いた。
arrive at	〜に着く	I arrived at **Kobe Airport.** 私は神戸空港に着いた。
get to		I got to **Kobe Airport.** 私は神戸空港に着いた。
call at		I called at **Rika's house.** 私はリカさんの家をおとずれた。
call on	〜をおとずれる	I called on **Rika.** 私はリカさんをおとずれた。
come out of	〜から出てくる	He came out of **Rika's house.** 彼はリカさんの家から出てきた。
come from	〜の出身	I come from **Tamba-Sasayama.** 私は丹波篠山の出身です。
get on	〜に乗る	I got on **the train.** 私は電車に乗った。
get off	〜からおりる	I got off **the bus.** 私はバスからおりた。
leave for		I left for **America.** 私はアメリカへ出発した。
start for	〜へ出発する	I started for **America.** 私はアメリカへ出発した。

「移動」をあらわす熟語

「日常の動作・行動」に関する熟語		
	意味	例文
get up	起きる	I get up at eight. 私は 8 時に起きます。
put on	～を着る	I put on a coat. 私はコートを着た。
take off	～をぬぐ	I took off the coat. 私はそのコートをぬいだ。
turn on	（あかりなど）を つける	Please turn on the light. あかりをつけてください。
turn off	（あかりなど）を けす	Please turn off the television. テレビをけしてください。
be in time for	～にまにあう	I was in time for school. 私は学校にまにあった。
be late for	～におくれる	I was not late for school. 私は学校におくれなかった。
on foot	歩いて	I go to school on foot. 私は歩いて学校へ行く。
by bike/car	自転車 / 車で	I go to school by bike/car. 私は自転車 / 車で学校へ行く。

「趣味」「休日」のことを話す時に便利な表現		
	意味	例文
go for a walk	さんぽをする	**I always** go for a walk. 私はいつもさんぽをする。
take a walk		**I always** take a walk. 私はいつもさんぽをする。
go on a picnic	ピクニックに行く	I went on a picnic. 私はピクニックに行った。
enjoy myself	楽しむ	I enjoyed myself **at the party.** 私はそのパーティーで楽しんだ。
have a good time		I had a good time **at the party.** 私はそのパーティーで楽しんだ。

「体調・トラブル」の表現		
	意味	例文
have a cold	カゼをひいている	I have a cold. 私はカゼをひいている。
catch a cold	カゼをひく	I caught a cold **yesterday.** 私はきのうカゼをひいた。
lose my way	まよう	I lost my way **in the woods.** 私は森の中で道にまよった。

「be」からはじまる熟語		
	意味	例文
be absent from	〜を欠席する	I was absent from school yesterday. 私はきのう学校を欠席した。
be afraid of	〜がこわい	I am afraid of dogs. 私はイヌがこわい。
be covered with	〜でおおわれている	The field is covered with snow. 野原は雪でおおわれている。
be different from	〜とちがう	My answer is different from yours. 私の答えは君のとちがうね。
be over	終わる	School is over at 3. 学校は3時に終わる。
be proud of	〜がじまんです	I am proud of my English. 私は私の英語がじまんです。
be ready to	〜を用意する	I am ready to swim. 私は泳ぐ用意ができている。
be fond of	〜がとても好き	I am fond of English. 私は英語がとても好きです。
be good at	〜が得意	I am good at swimming. 私は泳ぐのが得意です。
be full of	〜でいっぱい	This box is full of apples. この箱はリンゴでいっぱいです。
be filled with		This box is filled with apples. この箱はリンゴでいっぱいです。

数えられない名詞を数える表現		
	意味	例文
a cup of	1ぱいの〜	**Please give me** a cup of **tea.** 私にお茶を1ぱいください。
a glass of		**Please give me** a glass of **water.** 私に水を1ぱいください。
a pair of	1組の〜	**I bought** a pair of **shoes.** 私はくつを一足買った。
a piece of	1枚の〜	**Please give me** a piece of **paper.** 私に紙を一枚ください。

「時」をあらわす表現		
	意味	例文
at first	最初は	**I didn't know him** at first. 私は最初は彼を知らなかった。
at last	ついに	At last **I met him.** ついに私は彼に出会った。
at once	すぐに	**I went to bed** at once. 私はすぐに寝た。
right away		**Tony ran away** right away. トニーはすぐににげた。
as soon as		**Tony runs away** as soon as **he sees me.** トニーは私を見たらすぐににげる。
for a long time	長い間	**I have lived here** for a long time. 私は長い間ここに住んでいる。
for a while	しばらく	**I was silent** for a while. 私はしばらくだまっていた。
one day	ある日	One day **I met an alien.** ある日私は宇宙人にあった。

some day	いつか	**I'll become a singer** some day. 私はいつか歌手になるよ。
the other day	先日	**I met Ms.Tokuhara** the other day. 私は先日徳原さんに出会った。
day by day	日に日に	**It's getting hotter** day by day. 日に日に暑くなってきている。
all day long	1日中	**This store is open** all day long. この店は一日中あいています。
long, long ago	むかし むかし	Long, long ago **there was an alien.** むかしむかし，宇宙人がいた。
once upon a time		Once upon a time **there was an alien.** むかしむかし，宇宙人がいた。

「場所」をあらわす表現		
	意味	例文
over there	むこうに	**I can see a UFO** over there. 私はむこうに UFO が見える。
all over the world	世界中で	**I am famous** all over the world. 私は世界中で有名です。
on my way home	帰る途中	**I met an alien** on my way home. 私は帰る途中に宇宙人にあった。
here and there	あちこちで	**I saw dogs** here and there. 私はあちこちでイヌを見た。
in front of	～の前では	**I can't speak** in front of **her.** 私は彼女の前では話せない。

2 つをまとめて伝える表現		
	意味	例文
both A and B	A も B も	**I can** both **sing and dance.** 私は歌っておどれます。
either A or B	A か B の どちらか	Either **you or I am right.** 君と私のどちらかが正しい。
neither A nor B	A も B も〜ない	Neither **you nor I am wrong.** 君も私も悪くない
each other	おたがい（に）	**We talked to** each other. 私たちはおたがいに話しあった。
one another		**We talked to** one another. 私たちはおたがいに話しあった。

〜 ing が後ろにくる熟語		
	意味	例文
give up	〜をあきらめる	**I never** give up **becoming a teacher.** 私は先生になることをけっしてあきらめない。
go on	〜を続ける	**I** went on **swimming.** 私は泳ぎ続けた。
instead of	〜のかわりに	**I played** instead of **studying.** 私は勉強するかわりに遊んだ。

「話をつなぐ」ことば		
	意味	例文
for example	たとえば	For example, **I play baseball.** たとえば，私は野球をします。
by the way	ところで	By the way, **where is Ms. Sugi?** ところで，杉さんはどこにいるの。

「否定」をあらわす表現		
	意味	例文
no longer	もう〜ではない	**I am** no longer **a child.** 私はもう子どもではない。
not ~ at all	まったく〜ない	**I can** not **swim** at all**.** 私はまったく泳げない。
not A but B	A ではなく B	**I am** not **a student** but **a teacher.** 私は学生ではなく先生です。
not only A **but also B**	A だけでなく B も	**I am** not only **a student** but also **a teacher.** 私は学生なだけでなく先生でもあります。

ぜったい覚えておきたい便利な表現		
	意味	例文
as ~ as you can	できるだけ〜	**Please speak** as **slowly** as you can**.** できるだけゆっくり話してください。
as ~ as possible		**Please speak** as **slowly** as possible**.** できるだけゆっくり話してください。
too A to B	A すぎて B できない	**I am** too **tired** to **walk.** 私はつかれすぎて歩けない。
so A that 人 can't	A すぎるので 人が B できない	**I am** so **tired** that I can't **walk.** 私はとてもつかれているので歩けない。

長沢先生が直接回答します！
質問券について

本書を読んでわからないところがあったら……

右の質問券に疑問点を記入して，明日香出版社まで FAX をいただければ，長沢先生から直接お返事をさしあげます。

質問は郵送でも受けつけております。

問題点がなくなるまで，長沢先生ご本人がていねいにフォローしますので，ぜひご利用ください！

明日香出版社

FAX：03-5395-7654

住所：〒 112-0005　東京都文京区水道 2-11-5

※本書以外のご質問は受けかねます。

送り先　明日香出版社　FAX：03-5395-7654

ご質問の際は必ずご記入ください。

お名前

年齢

TEL

FAX

ご住所　〒

著者

長沢寿夫（ながさわ・としお）

累計 320 万部突破！「中学英語」といえば長沢式！

1980 年、ブックスおがた書店のすすめで、川西、池田、伊丹地区の家庭教師をはじめる。
1981 年~1984 年、教え方の研究のために、塾・英会話学院・個人教授などで約 30 人の先生について英語を習う。その結果、やはり自分で教え方を開発しなければならないと思い、長沢式の勉強方法を考え出す。
1986 年、旺文社『ハイトップ英和辞典』の執筆・校正の協力の依頼を受ける。
1992 年、旺文社『ハイトップ和英辞典』の執筆・校正のほとんどを手がける。
現在は塾で教えるかたわら、英語書の執筆にいそしむ。読者からの質問にていねいに答える「質問券」制度も好評。

[主な著書]
『中学 3 年分の英語を 3 週間でマスターできる本』（43 万部突破）『中学・高校 6 年分の英語が 10 日間で身につく本』（27 万部突破）（共に明日香出版社）
『中学校 3 年分の英語が教えられるほどよくわかる』（ベレ出版）

[協力者]
校正　　丸橋一広

協力　　長沢徳尚・池上悟朗・立澤虹乃香・只純也・西田浩直・毛利敏治

コラムアドバイザー　和田薫・長沢利津子

中学英語がおもしろいほどマスターできる本

2024 年 3 月 13 日 初版発行

著者　　　　長沢寿夫
発行者　　　石野栄一
発行　　　　明日香出版社
　　　　　　〒 112-0005 東京都文京区水道 2-11-5
　　　　　　電話 03-5395-7650
　　　　　　https://www.asuka-g.co.jp
デザイン　　lilac　菊池祐・今住真由美
組版・本文イラスト　末吉喜美
印刷・製本　シナノ印刷株式会社